Meine Wildpflanzenküche

Jean-Marie Dumaine

Meine Wildpflanzenküche

150 Rezepte für Feinschmecker

AT Verlag

Bild Seite 2: Erfrischende Sauerampfersuppe
mit Kürbiskernöl (Rezept Seite 80).

3. Auflage, 2007

AT Verlag, Baden und München
Fotos: Andreas Thumm, Freiburg i. Br.
Lithos: AZ Print, Aarau
Druck und Bindearbeiten: Firmengruppe APPL, aprinta druck, Wemding
Printed in Germany

ISBN 978-3-85502-823-8

www.at-verlag.ch

Inhalt

Vom Luxus der Vielfalt

Trüffeljagd an einem herrlichen Oktobertag. Jean-Marie Dumaine und seine Frau Colette, dazu der Präsident der Lothringer Trüffelzüchter und der Forstbotanik-Professor von der Universität Nancy. Wir folgen Max, dem Trüffelhund, dem wichtigsten Teilnehmer unseres Ausfluges in den herbstgoldenen Eichenwald. Betört vom Aroma von Tuber uncinatum schlägt Max an: Versteckt im Boden strömt der »Diamant der Küche« seinen Duft aus. Das Prädikat »Diamant« verdient er in doppelter Hinsicht – sinkt doch der Preis der besten Trüffelsorten kaum unter 1500 Euro pro Kilogramm.

Im Piemont, in der Provence oder im Périgord wäre diese Geschichte kaum bemerkenswert. Überraschend und geradezu surreal: Unser Trüffelwald liegt im milden Rotweinklima bei Sinzig im Ahrtal, nur ein paar Kilometer vom Rhein entfernt.

Abends bei Maître Dumaine im »Vieux Sinzig«. Seit 25 Jahren zaubert der erfolgreiche Spitzenkoch aus der Normandie unerwartete Köstlichkeiten auf den Tisch. Und nicht nur den »unterirdischen Dialog« aus Trüffel und Topinambur (Rezept Seite 132). Auch der Japanische Knöterich, den ich bisher als lästiges Unkraut mit der Harke bekämpfte, wird mir im Knuspermantel mit Veilchensorbet (Rezept Seite 48) plötzlich ungeheuer sympathisch.

Als Botaniker und Direktor eines großen Botanischen Gartens beschäftige ich mich mit anderen Aspekten von Wildpflanzen. Biodiversität oder Artenvielfalt heißt das Zauberwort. Etwa 300 000 verschiedene Pflanzenarten gibt es. Aber weniger als zwei Dutzend davon – vom Weizen über Kartoffeln bis zu Kohl und Rüben – sind weltwirtschaftlich von Bedeutung: Armut in der Vielfalt. Allein der Kopfsalat hat etwa 20 000 Verwandte, und bei den Gewürzen bringt es die Vanille auf rund 25 000 verschiedene Arten ihrer weltweit verbreiteten Familie. Manche Pflanzenarten, wie Rispengras und Brennnessel, wurden weltweit verschleppt und verdrängen oft das regional Besondere, andere Arten sind vom Aussterben bedroht.

Ähnlich verhält es sich mit der kulinarischen »Artenvielfalt«: Grillhähnchen mit Pommes erobern die Welt – lokale Köstlichkeiten wie bestimmte Rohmilchkäse oder die Wildschweinsülze, die eine Brücke schlägt zwischen Eifel und Champagne, stehen vor dem Aussterben.

Erstaunlich, dass bisher kaum jemand daran gedacht hat, im Rheinland Trüffeln zu suchen – bis auf Maître Dumaine! Einen »Vorboten der Revolution« hat ihn die »Frankfurter Allgemeine« kürzlich genannt. Basierend auf einem Wissen, von dem mancher Botaniker nur träumen kann, zaubert er Köstlichkeiten aus der verschwenderischen Fülle unserer Wildpflanzen. Und dabei ist jedes der hundert folgenden Rezepte auch hundertfach in seinem Restaurant erprobt: Als erfolgreicher Gastronom lebt er schließlich im doppelten Sinne vom Essen. Guten Appetit!

Wilhelm Barthlott
Direktor des Botanischen Gartens und Leiter des Nees-Institutes der Universität Bonn

Frühling

Holunderblüten-Aperitif

3½ kg Holunderblüten
25 Liter Wasser
10 g Portwein- oder Sherry-Weinhefe
4 g Hefenährsalz
(beides im Kellereibedarf oder in der Apotheke erhältlich)
¼ l Zitronensaft
2½ kg Zucker

1 Glasballon (mit 30 Liter Fassungsvermögen)
1 Gärverschluss
1 Gummidichtung

Die Holunderblütendolden sorgfältig sauber schütteln und in den Glasballon geben. Die Weinhefe mit ¼ l Wasser verdünnen. Wasser, Hefelösung, Hefenährsalz und Zitronensaft in den Glasballon geben. Den Zucker in drei gleiche Teile teilen und am zweiten, dritten und vierten Tag jeweils eine Portion dazugeben und untermischen. Den Glasballon mit Gummidichtung und Gärverschluss verschließen und an einen etwa 20 Grad warmen Ort stellen. Den Glasballon täglich vorsichtig schwenken und die Blüten nach unten drücken. Wenn der Wein nicht mehr gärt, wird die Maische abgegossen und der reine Wein wieder zurück in den Ballon gegeben. Der Wein klärt sich, die Trübstoffe setzen sich am Boden ab. Nach 3 Monaten den Wein in Flaschen abfüllen, verschließen und kühl lagern.

Weißdorn-Aperitif

1 l trockener Weißwein (Riesling)
¼ l Trester- oder Weinbrand
100 g Rohrzucker (oder Kandiszucker)
je 60 g zarte grüne Weißdornblätter und zarte Weißdornblütenblätter
1 Weißdornzweig mit den roten Beeren, im Herbst gepflückt

Alle Zutaten in ein Gefäß geben und gut verschlossen 60 Tage ziehen lassen.
Durch ein Sieb gießen und bis zum Herbst gut verschlossen kühl lagern.
Im Herbst den Weißdornzweig dazugeben und nochmals 60 Tage ziehen lassen.
Den Aperitif filtern und in Flaschen abfüllen.
Und nun braucht es nochmals etwas Geduld, denn der Weißdorn-Aperitif schmeckt am besten nach weiteren 6 Monaten Flaschenlagerung.
Kühl serviert, ein einzigartiger Genuss.
A vôtre santé!

Vergrabener Spitzwegerichsirup

1 kg Spitzwegerichblätter
400 g Zucker

Die Spitzwegerichblätter abspülen, in feine Streifen schneiden und mit dem Zucker mischen. Gut gepresst in ein Schraubglas oder eine Frischhaltedose füllen und mit etwas Wasser begießen (ca. 100 ml). Nun wird das Gefäß mindestens 60 cm tief in der Erde vergraben. Dort entwickelt sich bei gleichbleibender Temperatur ein aromatischer Sirup.
Ein Schuss dieses Sirups wird mit Sekt oder Tonic Water aufgegossen und ergibt einen außergewöhnlichen Aperitif. Spitzwegerichsirup passt auch zu Waffeln und Crêpes.

Die Blütenknospen des Spitzwegerichs schmecken nach Champignons und können wie Kapern eingelegt werden (siehe Rezept Gänseblümchen-»Kapern«, Seite 30). Die würzigen, zarten Blättchen werden in Salaten und Suppen verwendet; sie sind besonders reich an Kalium.

Wiesenknöterichroulade mit Wiesenknöterichcreme, Comté und Mimolette

Der Wiesenknöterich, ein »Cousin« des Sauerampfers, bereichert mit seinen Blättern und jungen Stielen eine herzhafte Crème brûlée, Saucen und Salate und ist nicht zuletzt auch Zutat zu einem meiner Klassiker, der Wildkräuter-Lasagne.

Für 4 Personen

Nudelteig:
100 g feiner Hartweizengrieß (Dunst)
1 Ei
1 Eigelb
½ TL Olivenöl
1 Prise Salz

30 g Wiesenknöterichblätter
100 g Comté oder Bergkäse, in dünne Scheiben geschnitten

Rote-Paprika-Sauce:
1 kleine Zwiebel, gehackt
200 g rote Paprikaschote, in Stücke geschnitten
1 Bouquet garni
1 TL Meersalz
1 Msp. Chilipulver
50 ml Olivenöl
3–4 Knoblauchzehen
1 Prise Zucker

Wiesenknöterichcreme (alle Zutaten bei Zimmertemperatur):
120 g Wiesenknöterich
1 Prise Natron
3 Eier, 4 Minuten gekocht, geschält
125 ml Sonnenblumenöl
Meersalz

einige frische Wiesenknöterichblätter
gehobelter Mimolettekäse oder Parmesan

Für den Nudelteig Grieß, Ei, Eigelb, Olivenöl, Salz und einen Esslöffel Wasser zu einem festen Teig verarbeiten und diesen 30 Minuten ruhen lassen. Den Teig dünn in 4 gleichmäßige Platten ausrollen und 15 Minuten trocknen lassen. Die Teigplatten 1 Minute in kochendem, mit einem Tropfen Öl vermischtem Salzwasser garen. Abtropfen und abkühlen lassen. Auf Frischhaltefolie ausbreiten.

Die Wiesenknöterichblätter auf die vorbereiteten Nudelteigplatten verteilen. Mit dem in dünne Scheiben geschnittenen Comté-Käse belegen und aufrollen. Straff in Frischhaltefolie wickeln und die Enden der Folie verknoten. Kurz vor dem Servieren 15 Minuten im Dampf erhitzen.

Für die Rote-Paprika-Sauce die Zwiebel in heißem Olivenöl kurz andünsten. Alle anderen Zutaten dazugeben und 30 Minuten zugedeckt bei kleiner Hitze garen (der dabei entstehende Gemüsesaft soll nicht verdampfen). Das Bouquet garni entfernen. Die Sauce mit dem Pürierstab cremig pürieren. Durch ein Haarsieb streichen und abschmecken.

Für die Wiesenknöterichcreme den Wiesenknöterich in siedendem Wasser mit einer Prise Natron blanchieren, kalt abschrecken und abtropfen lassen. Das Blanchierwasser auffangen, auf 125 ml einkochen und abkühlen lassen. Den Wiesenknöterich mit den Eiern und dem abgekühlten Blanchierfond im Mixer pürieren. Das Öl in einem feinen Strahl langsam einlaufen lassen. Die Creme mit Salz abschmecken und durch ein Haarsieb streichen. In den Sahnebereiter füllen und mit einer Patrone verschrauben (siehe Küchenpraxis, Seite 148). Die Flasche kräftig schütteln und mindestens 4 Stunden kühl stellen.

Auf vier Teller Streifen von Paprikasauce und Wiesenknöterichcreme streichen. Die warme Wiesenknöterichroulade in etwa 1½ cm dicke Scheiben schneiden und auf jeden Teller 3 Scheiben davon legen. Mit in Streifen geschnittenen Wiesenknöterichblättern und Mimolette oder Parmesan garnieren.

Dieser Frühlingsbote hat inzwischen Kultstatus erreicht. Neben den Blättern können auch die Zwiebeln und die Blütenknospen verwendet werden. Bärlauch lässt sich auf unzählige Arten zubereiten. Im »Vieux Sinzig« gehört der zu knuspriger Baguette gereichte Bärlauchquark – mit Magerquark, Olivenöl, Meersalz und frisch gemahlenem Pfeffer angerührt – zu den Klassikern.

Der typische, blumig-herbe Geschmack der zarten Margeritenblätter gibt Salaten eine besondere Note. Die frischen Blütenknospen können als Tempura (siehe Rezept Labkraut-Tempura) in heißem Öl ausgebacken werden.

Margeritenknospen-Beignets

Für 4 Personen

Teig:
125 g Mehl
125 ml Bier
1 Ei
1 Prise Salz
1 TL Öl
5 g Hefe

½ l Öl zum Frittieren
200 g Margeritenknospen
50 g Mehl

Für den Teig Mehl, Bier, Eigelb, Salz, Öl und Hefe verrühren. 1 Stunde an einem warmen Ort gehen lassen. Das Eiweiß leicht schaumig aufschlagen und unter den Teig heben.
Das Frittieröl in einem hohen Topf erhitzen. Die Frittiertemperatur ist erreicht, wenn an einem in das Öl eingetauchten Holzstäbchen kleine Blasen aufsteigen.
Die Margeritenknospen in Mehl wenden. Die Knospen in den Teig tauchen und im heißen Öl etwa 2 Minuten goldgelb ausbacken. Auf Küchenpapier abtropfen lassen. Mit etwas Salz bestreuen.

Tipp:
Dazu passt sehr gut eine Hagebuttensauce (Rezept Seite 120).

Bärlauchrisotto mit Spargel

Für 4 Personen

1 kg Spargel
50 ml Sonnenblumenöl
50 ml Olivenöl
200 g Risottoreis
1 kleine Zwiebel, in Würfel geschnitten
50 ml Weißwein
½ l Spargelfond, ergänzt mit Gemüsefond
50 g Mascarpone
50 g Parmesan, frisch gerieben
100 ml Sahne, steif geschlagen
50 g Bärlauch (etwas zum Garnieren beiseite legen)
Salz, Pfeffer aus der Mühle

Den Spargel putzen, das holzige Ende entfernen. Dann das untere Viertel der Stangen abschneiden und würfeln. Die Spargelstangen mit den Köpfen und den gewürfelten Spargel nacheinander in der gleichen Pfanne in heißem Sonnenblumenöl mit Salz und etwas Zucker unter ständigem Rühren etwa 5 Minuten knackig dünsten. Den entstandenen Fond beiseite stellen.
Für den Risotto das Olivenöl in einem Topf erhitzen. Den Reis unter ständigem Rühren anrösten, bis er zu knistern beginnt. Die gehackte Zwiebel beigeben und mit andünsten. Mit dem Weißwein ablöschen. Den Spargel-Gemüse-Fond dazugeben und unter ständigem Rühren etwa 10 Minuten kochen. Der Risotto soll al dente sein.
Kurz vor dem Servieren Mascarpone, Parmesan, die geschlagene Sahne, die Spargelwürfel und den geschnittenen Bärlauch unter den Risotto mischen. Mit Salz und Pfeffer abschmecken.
Den Risotto in der Tellermitte anrichten. Mit den Spargelstangen umranden und mit etwas Bärlauch garnieren. Oder, wie auf dem Bild, Förmchen mit einem Rand aus Spargelstangen versehen und mit dem Risotto füllen.

Brennnesselnudeln mit Maipilzen

Der Klassiker unter den Brennnesselrezepten ist Brennnesselspinat, dank seines hohen Gehaltes an Mineralien und Vitamin C ein »Super Plus-Spinat«!
Die gerösteten Samen werden wie Sesam verwendet.

Das Hirtentäschel gehört zur Familie der Kreuzblütler. Die Blätter besitzen einen feinen Senfgeschmack, daher auch gelegentlich der Name Bauernsenf; sie sind eine delikate Alternative zu Rucola.

Für 4 Personen

Brennnesselnudeln:
200 g feiner Hartweizengrieß (Dunst)
1 Ei
50 g Brennnesselpüree (siehe Rezept Brennnessel-Aligot, Seite 38)
1 TL Olivenöl
1 TL Meersalz

Sauce:
100 ml Weißwein
200 ml Sahne
50 g Butter
Meersalz, Pfeffer aus der Mühle
1 EL Brennnesselpüree

600 g Maipilze (Calocybe gambosa), geputzt
1 EL Olivenöl
20 g Butter
Meersalz, Pfeffer aus der Mühle

Für den Nudelteig Grieß, Ei, Brennnesselpüree, Olivenöl und Salz zu einem festen Teig verarbeiten. Wenn der Teig zu wenig fest ist, in Portionen teilen und noch etwas Grieß unterarbeiten. 20 Minuten ruhen lassen. Den Teig dünn ausrollen, dann in Spaghetti schneiden. Diese unmittelbar vor dem Servieren 1 Minute in kochendem Salzwasser mit 1 Teelöffel Öl garen. Abgießen und abtropfen lassen.
Für die Sauce den Weißwein aufkochen, die Sahne dazugießen. Die Butter in Stückchen dazugeben und die Sauce kräftig aufschlagen. Mit Salz und Pfeffer abschmecken. Erst kurz vor dem Servieren das Brennnesselpüree zur Sauce geben.

Die Pilze kurz blanchieren und gut abtropfen lassen. Öl und Butter erhitzen. Die Pilze darin unter ständigem Schwenken anbraten. Mit Salz und Pfeffer würzen.
Die Sauce in vier vorgewärmte tiefe Teller gießen, die Pilze darauf verteilen, die Brennnesselnudeln in der Tellermitte anrichten und mit einigen Schnittlauchhalmen garnieren.

Tipps:
Die Pilze sollen leicht kross gebraten werden, nur so entfalten sie ihr besonderes Aroma.
Die Maipilze kann man durch frische Pilze nach Saison ersetzen (z.B. Champignons, Austernpilze, Shiitake, im Herbst auch frische Waldpilze).
Es können auch mehrere Pilzsorten zusammen verwendet werden. Dann ist es aber wichtig, die Pilzsorten getrennt anzubraten, damit ihr Eigenaroma erhalten bleibt. Auch beim Servieren die Pilze getrennt auf dem Teller anrichten.

Eier im Töpfchen mit Hirtentäschel

100 g Hirtentäschelkraut, geputzt
20 g Butter
4 Eier
Meersalz, Pfeffer aus der Mühle

Sauce:
50 ml Sahne
5 g grüne Hirtentäschelsamen

Das Hirtentäschelkraut in der Butter zusammen mit 1 Esslöffel Wasser andünsten. Mit Salz und Pfeffer würzen und in vier ausgebutterte Förmchen verteilen. Gut andrücken und jeweils ein Ei darüber aufschlagen.
Im vorgeheizten Backofen im Wasserbad bei 120 Grad stocken lassen, bis das Eiweiß fest und das Eigelb noch leicht cremig ist (ca. 5 Minuten).
Für die Sauce die Sahne aufkochen und die Hirtentäschelsamen dazugeben.
Vorsichtig etwas Sauce auf das gestockte Eiweiß gießen. Die Förmchen außen abtrocknen und auf Untertellern servieren.

Ochsenschwanzterrine mit Hopfensalat

Der fein-herbe Geschmack der Hopfentriebe passt gut zu Omelette und Rührei und ergibt mit verquirlten Eiern vermischt einen schmackhaften Belag für eine Quiche. Ich nenne die Hopfentriebe auch »Spargel-Unkraut«, da sie zur gleichen Zeit wie Spargel geerntet und wie dieser gekocht werden und auch sehr gut zum Spargel schmecken.

Für 4 Portionen

Ochsenschwanzfleisch:
2 kg Ochsenschwanz, in Stücke geschnitten
1 Zwiebel
50 g Karotten
50 g Sellerie
5 Wacholderbeeren
1 Gewürznelke
1 Knoblauchzehe
1 Lorbeerblatt
1 Bouquet garni
Salz, Pfeffer aus der Mühle

100 g Bärlauch
100 g Hopfensprossen
50 ml natives Sonnenblumenöl
50 g große Bärlauchblätter zum Auslegen
2 Blätter Gelatine
100 g Gänsestopfleber, längs in Scheiben geschnitten
Salz, Pfeffer aus der Mühle, Zucker
Olivenöl

Entenlebermousse:
100 g Entenleber zum Braten
1 Ei
5 g Butter
3 EL Sahne
2 EL Weißbrotbrösel
3 EL Milch
20 Bärlauchblätter
20 Hopfenblätter, fein geschnitten
1 TL Meersalz
40 g fetter Speck
Zucker, Pfeffer aus der Mühle

Vinaigrette:
50 ml Hagebuttenessig (ersatzweise Sherry- oder Madeiraessig)
25 ml Brühe
50 ml Öl
Salz, Pfeffer aus der Mühle

Zunächst das Ochsenschwanzfleisch zubereiten: Die Ochsenschwanzstücke in einen Topf mit kaltem Wasser legen und aufkochen, kalt abschrecken und abspülen. Den so blanchierten Ochsenschwanz in einen sauberen Topf geben, mit Wasser bedecken und 3 Stunden bei kleiner Hitze garen. Zwiebel, Karotte und Sellerie grob hacken und ½ Stunde vor Ende der Garzeit zusammen mit den Gewürzen und dem Bouquet garni zum Fleisch geben. Wenn das Fleisch gar ist, in der Brühe erkalten lassen. Das Ochsenschwanzfleisch vorsichtig vom Knochen lösen, dabei sämtliches Fett entfernen. Für die Terrine 250 g Ochsenschwanzfleisch und 50 ml Ochsenschwanzbrühe abmessen.
Für die Garnitur 4 Bärlauchblätter mit etwas Olivenöl bestreichen und mit feinem Meersalz würzen. Auf einem mit Backpapier belegten Blech im Backofen etwa 1 Stunde bei 75 Grad knusprig trocknen lassen. Beiseite stellen.
12 Bärlauchblätter für den Salat beiseite legen. Die übrigen Bärlauchblätter in etwas Sonnenblumenöl kurz andünsten. Abkühlen lassen.
Die Hopfensprossen ebenfalls in Öl kurz andünsten. Abkühlen lassen.
Für die Entenlebermousse die Entenleber durch die feine Scheibe des Fleischwolfs drehen. Alle anderen Zutaten darunterrühren. Zum Schluss den fetten Speck dazugeben und alles im Mixer fein mixen.
Für die Ochsenschwanzterrine auf ein großes Küchenbrett ein Stück Frischhaltefolie (30 × 40 cm) legen, mit den großen, entstielten Bärlauchblättern (Innenseite nach oben) belegen. Die eingeweichten Gelatineblätter darauf legen. Das Ochsenschwanzfleisch darüber verteilen, mit der Brühe beträufeln. Mit Salz, Pfeffer und Zucker

würzen. Mit den Gänseleberscheiben belegen und die Entenlebermousse darüberstreichen.
Das Ganze mit Hilfe der Frischhaltefolie zu einer Rolle wickeln. An den Enden fest mit Küchengarn zubinden und im Backofen bei 80 Grad etwa 40 Minuten garen.
Für die Vinaigrette Hagebuttenessig, Brühe, Öl, Salz, Pfeffer verrühren.
Den gedünsteten Hopfen und Bärlauch mit der Vinaigrette mischen. Kranzförmig auf vier Teller verteilen. In die Mitte je eine Scheibe Ochsenschwanzterrine legen und mit fein geschnittenem Bärlauch bestreuen. Die knusprigen Bärlauchblätter darüberlegen.

Weiße Bohnen mit Huflattichblüten

Für 4 Personen

1 Schalotte, fein gewürfelt
1 Huflattichblatt, blanchiert
1 EL Sonnenblumenöl
400 g gekochte weiße Bohnen
2 EL Riesling-Essig (ersatzweise anderer Weißweinessig oder weißer Balsamicoessig)
Meersalz, Pfeffer aus der Mühle
50 g eingelegte Huflattichblüten (siehe Rezept unten)

Die Schalotte und das in Streifen geschnittene Huflattichblatt im Sonnenblumenöl dünsten.
Mit Salz und Pfeffer würzen. Die abgetropften Bohnen und den Essig dazugeben und ziehen lassen.
Lauwarm zusammen mit eingelegten Huflattichblüten servieren.

Eingelegte Huflattichblüten

Für 10 Portionen

50 g Huflattichblüten
4 EL Olivenöl
3 EL Weißwein
3 EL Riesling-Essig (ersatzweise anderer Weißweinessig oder weißer Balsamicoessig)
1 Knoblauchzehe
1 TL Honig
1 TL Meersalz
Pfeffer aus der Mühle

Alle Zutaten in einen Topf geben und bei kleiner Hitze zugedeckt 5 Minuten köcheln lassen.

Die gelben Huflattichblüten erscheinen im Frühjahr vor den Blättern. Die Blätter können wie Weinblätter blanchiert und mit Reis gefüllt werden. Die Blütenknospen werden in Olivenöl eingelegt.

Ziegenkäse im Croissantmantel mit Löwenzahnblüten-Chutney

Wurzeln, Blätter und Blüten des »Multitalents« Löwenzahn finden von herzhaft bis süß ihre Verwendung in meiner Küche.

Für 4 Personen

250 g Croissantteig (siehe Rezept Seite 20) oder fertiger Blätterteig
4 Ziegenfrischkäse à 30 g
1 Eigelb, verquirlt
1 TL getrocknete Wildkräuter (z.B. Dost, Quendel, Pimpernelle), fein zerrieben
100 g Löwenzahnblüten-Chutney (siehe Rezept rechts)

Den Croissant- oder Blätterteig dünn ausrollen. In acht Quadrate schneiden. Auf vier Teigstücke je einen Ziegenfrischkäse legen, mit einem zweiten Teigstück bedecken.
Den Teig rund um den Käse andrücken, überstehenden Teig mit Hilfe eines Glases oder eines Teigausstechers abschneiden. Die vier Teigpäckchen auf ein Backblech legen. Mit verquirltem Eigelb bestreichen und mit den zerriebenen Wildkräutern bestreuen. An einem warmen Ort etwa 90 Minuten gehen lassen.
Dann im vorgeheizten Backofen bei 180 Grad 15 Minuten backen.
Das Löwenzahnblüten-Chutney und ein Kräuter-Salat-Bouquet (siehe Seite 31) zu den warmen Ziegenkäseküchlein servieren.

Löwenzahnblüten-Chutney

500 g Löwenzahnblüten, blanchiert, davon 250 g ganz belassen, 250 g gehackt
200 g Japanischer Knöterich
200 g Birnen
200 g Backpflaumen
2 rote Paprikaschoten, geputzt
250 g Zwiebeln
200 g Rosinen
100 g Ingwer
20 g Korianderkörner
150 ml Weinessig
1 TL Salz
1 Prise Cayennepfeffer
300 g Zucker
200 ml Apfelsaft, mit 1 TL Speisestärke angedickt
10 g Salz

Die Früchte und Gemüse in gleichmäßige Quadrate oder Würfel (3 × 3 mm) schneiden.
Die Löwenzahnblüten und alle anderen Zutaten dazugeben, mischen und zwei Tage ziehen lassen. Gelegentlich umrühren.
In einem weiten Topf unter ständigem Rühren etwa 25 Minuten dickflüssig kochen.

Tipp:
Das Chutney kochend heiß in saubere Gläser mit Schraubverschluss füllen und 30 Minuten sterilisieren. Auf diese Weise bleibt das Chutney bis zu zwei Jahre haltbar. Ein geöffnetes Glas im Kühlschrank aufbewahren.
Frisch gekochtes Chutney vor dem Gebrauch am besten zwei bis drei Wochen ruhen lassen, dann entfaltet sich der Geschmack noch besser.

Vieux Sinzig
Löwenzahnblüten-Chutney
Kölner Str. 6 53489 Sinzig Tel: 02642/42757

Die leuchtend gelben Blüten der Schlüsselblume gehören zu den ersten Frühlingsboten. Sie werden mit Eigelb, Senf und Olivenöl zu einer Mayonnaise verrührt, die als Dip Verwendung findet. Die zarten Blätter werden im Backofen zu Chips getrocknet.

Croissantteig

1 kg Mehl (24 Std. tiefgekühlt)
¼ l Milch
¼ l Wasser
1 EL Quark
1 gehäufter EL Salz (20 g)
100 g Zucker
1 Würfel Hefe (40 g)
500 g Butter
1 EL Zucker

Mehl, Milch, Wasser, Quark, Salz, Zucker und Hefe gründlich verkneten und den Teig 20 Minuten im Tiefkühlfach ruhen lassen. Den Teig kreuzförmig ausrollen. Die Butter durchkneten und in die Mitte des Teigkreuzes legen. Die Teigbahnen übereinanderschlagen. Mit etwas Mehl bestäuben und vorsichtig ausrollen (30×15 cm). Überschüssiges Mehl entfernen. Die Teigseiten von rechts nach links übereinanderschlagen und in die entgegengesetzte Richtung ausrollen (30×15 cm). Dies dreimal wiederholen. Nach dem zweiten Mal den Teig 20 Minuten im Tiefkühlfach ruhen lassen. Nach Rezept weiterverwenden.

Lachstatar mit knusprigen Schlüsselblumenblättern

Für 4 Personen

400 g Lachsfilet
1 Zitrone
1 Tomate
Meersalz, Pfeffer aus der Mühle
12 zarte Schlüsselblumenblätter
1 EL Olivenöl

Für das Tatar das Lachsfilet fein würfeln. Die Zitrone samt der bitteren weißen Haut schälen, die Filets zwischen den Trennhäuten herauslösen und in feine Würfel schneiden. Die Tomate mit kochendem Wasser überbrühen, kalt abschrecken, häuten, den Stielansatz herausschneiden, die Tomate vierteln, entkernen und das Fruchtfleisch ebenfalls fein würfeln.
Alle Zutaten mischen. Mit Salz und Pfeffer würzen.
Die Schlüsselblumenblätter kurz in heißem Olivenöl frittieren. Auf Küchenpapier abtropfen lassen und salzen.
Das Lachstatar auf vier Tellern anrichten und mit den knuprigen Schlüsselblumenblättern garnieren.

Schlüsselblumen-Mayonnaise

1 Eigelb
50 g Schlüsselblumenblüten
100 ml Olivenöl
1 EL Zitronensaft
Meersalz

Das Eigelb mit einer Prise Salz und den Schlüsselblumenblüten mit dem Pürierstab des Handmixers oder im Mixer pürieren. Unter ständigem Rühren das Öl in einem dünnen Strahl dazugießen und daruntermischen. Mit dem Zitronensaft abschmecken.

Kaninchen in Weidenröschengelee

Für 4 Personen

1 Kaninchen (ca. 1½ kg), küchenfertig
1 EL Orangenblüten (im Reformhaus erhältlich)
2 Schweinefüße, längs halbiert
250 g gepökelter Schweinebauch
1 Karotte
1 Zwiebel
1 Zweig Selleriegrün
4 Knoblauchzehen
1 Bouquet garni
evtl. 2 EL Bohnenschalen (im Reformhaus erhältlich)

4 EL kleinblütige Weidenröschen (im Reformhaus erhältlich)
10 Pfefferkörner
Meersalz, Pfeffer aus der Mühle

Weidenröschensprossen als Garnitur

Das Kaninchen ausbeinen, die Knochen beiseite legen. Das Fleisch in 1 cm dicke Scheiben schneiden. Mit Salz und den Orangenblüten mischen und im Kühlschrank über Nacht marinieren.
Die Schweinefüße in einen Topf mit kaltem Wasser legen. Einmal aufkochen. Das Wasser abschütten, die Schweinefüße abspülen und beiseite stellen.
Schweinebauch, Schweinefüße und Kaninchenknochen in einen großen Topf geben. Mit Wasser (etwa 1½ l) bedecken. Langsam aufkochen und abschäumen.
Das Gemüse grob würfeln und zusammen mit dem Bouquet garni, den Bohnenschalen, den Weidenröschen und Pfefferkörnern dazugeben und im geschlossenen Topf bei kleiner Hitze etwa 2 Stunden garen. Die Schweinefüße sind gar, wenn sich das Fleisch gut vom Knochen lösen lässt.

Das Fleisch von den Knochen der Schweinefüße lösen. Zusammen mit dem Schweinebauch in kleine Würfel schneiden. Noch an den Knochen verbliebenes Kaninchenfleisch ebenfalls ablösen.
Den Garfond zu etwa ¾ l Jus einkochen. Mit Salz und Pfeffer abschmecken und durch ein Sieb gießen.
In eine Kranzform etwa 1 cm hoch Jus gießen. Das marinierte Kaninchenfleisch sowie das Fleisch der Schweinefüße, Schweinebauch und Kaninchenfleisch darauf verteilen. Mit dem restlichen Jus knapp bedecken.
Im Backofen bei 90 Grad etwa 35 Minuten garen. Danach 12 Stunden auskühlen lassen. Das Kaninchengelee auf eine Platte stürzen. Nach Belieben in der Mitte mit Weidenröschensprossen garnieren.
Dazu passen eine Frankfurter Grüne Sauce oder die Hagebuttensauce Seite 120 und blanchierte Weidenröschen in einer Vinaigrette.

Die ersten Blättchen des Weidenröschens, die im Januar oder Februar austreiben, können wie Feldsalat zubereitet werden. Die jungen, fleischigen Sprossen, die im April bis Mai austreiben, können wie wilder Spargel zubereitet werden.

Ein klassischer Bestandteil der Grünen Sauce sind die elegant gezackten jungen Blätter des Wiesenkerbels. Wenn man sie zwischen den Fingern zerreibt, riechen die Blätter mit ihrem herben Geschmack nach Karotten. Sie schmecken auch gut in Quark und Frischkäse und sind ebenso als Kräuterchips ein Genuss.

Taubnessellasagne mit Rehleber

Die Blüten der Taubnessel kann man getrocknet zum Panieren von Geflügel, etwa Perlhuhn, und Fisch verwenden, auch als Garnitur sind sie besonders dekorativ. Die zarten Stiele und herb aromatischen Blätter werden getrennt als delikates Gemüse zubereitet oder im Backofen zu Gemüsechips getrocknet.

Der »wilde Oregano« liebt die Sonne und wächst deshalb bevorzugt an Südhängen. Dost ist beliebt in der Mittelmeerküche und wird zum Würzen von Tomatengerichten und Pizza verwendet. Besonders aromatisch ist die Kombination von Dost, Salbei und Basilikum.

Für 4 Personen

Nudelteig:
250 g Hartweizenmehl (Dunst)
2 Eigelb
1 EL Wasser
1 TL Olivenöl
Meersalz

Belag:
130 g Taubnesselblätter, in Streifen geschnitten (die Blüten als Verzierung verwenden)
2 EL Olivenöl
30 g geriebener Parmesan

Tomatensauce:
1 kleine Zwiebel, gehackt
1 EL Olivenöl
4 Tomaten, gehäutet, klein geschnitten
1 Knoblauchzehe
2 Zweige Thymian oder wilder Oregano, Blättchen abgezupft
Meersalz, Pfeffer aus der Mühle, Zucker

Leber:
240 g Rehleber, in ½ cm dicke Scheiben geschnitten
Thymianblättchen
2 EL Olivenöl
4 EL Wildfond

Für den Nudelteig alle Zutaten zu einem glatten Teig verkneten. Den Teig so dünn wie möglich ausrollen und in vier rechteckige Stücke in der Größe der Auflaufform schneiden.
Die in Streifen geschnittenen Taubnesselblätter im heißen Olivenöl dünsten.
Für die Tomatensauce die Zwiebel im heißen Olivenöl glasig dünsten. Die Tomaten, den durchgepressten Knoblauch und die Kräuter dazugeben. Bei kleiner Hitze etwa eine halbe Stunde köcheln lassen. Abschmecken.

Ein Nudelteigblatt in die geölte Auflaufform legen. Mit einer dünnen Schicht Tomatensauce bedecken, darüber ein Drittel der Taubnesselblätter verteilen und mit dem geriebenen Parmesan bestreuen. Wiederholen, bis alle Zutaten aufgebraucht sind. Mit einer dünnen Schicht Tomatensauce abschließen und mit den beiseite gelegten Taubnesselblüten bestreuen. Im Backofen bei 180 Grad etwa 15 Minuten backen.
Die Rehleberscheiben mit Salz und Pfeffer würzen, mit dem Thymian bestreuen und im heißen Olivenöl kurz rosa braten.
Die Lasagne auf vier Teller verteilen.
Die gebratene Leber dazu anrichten und mit heißem Wildfond beträufeln.

Tipp:
Die Lasagne kann auch in Portionenringen zubereitet und auf einem mit Öl bestrichenen Backblech gebacken werden. Auf die Teller platzieren und den Metallring abziehen.

Wildhopfen-Quiche

Für 8 Personen

Quark-Mürbeteig:
250 g Mehl
50 g Quark
100 g Schmalz oder Butter
50 ml Wasser
1 TL Salz

Belag:
500 g Wildhopfensprossen
4 Eier
400 ml Sahne
100 g Emmentaler, gerieben
Salz, Pfeffer aus der Mühle, Muskatnuss

Für den Mürbeteig Mehl, Quark, Schmalz- oder Butterstückchen, Wasser und Salz zu einem glatten Teig verkneten und 20 Minuten kalt stellen.
Für den Belag die Wildhopfensprossen 2 Minuten blanchieren, in kaltem Wasser abschrecken und gut abtropfen lassen.
Die Eier mit der Sahne verrühren und mit Salz, Pfeffer und Muskat abschmecken.
Den Teig auf wenig Mehl ausrollen und eine gefettete Quicheform bis zum oberen Rand damit auslegen. Die Wildhopfensprossen darauf verteilen. Die Eier-Sahne-Mischung darübergießen. Mit dem geriebenen Emmentaler bestreuen. Im Backofen bei 180 Grad etwa 40 Minuten backen.
Sofort servieren.

Ahrtaler »Gemüsegarten«-Salat mit Wiesenbocksbart

Für 4 Portionen

60 g Wiesenbocksbart (Pflanzenspitzen mit Blütenknospen, etwa 8–10 cm lang) oder ersatzweise Schwarzwurzeln
300 g gemischtes Gemüse (Bundkarotten, Weinberglauch oder Lauchzwiebeln, Rübstiel, Spitzkohl, Zuckerschoten sowie wenig Bleichsellerie, weißer und ungeschälter schwarzer Rettich, Kohlrabi oder Gemüse der Saison nach Belieben, z.B. Kürbis, Chicorée, Spargel, Zucchini, Pilze)
4 Blätter Gänsedistel
4 Bärenklaublütenknospen
3 EL Meerrettichwurzel, in feine Streifen (Julienne) geschnitten
6–8 EL Vinaigrette
80 g luftgetrockneter Wildschweinschinken oder Serrano-Schinken, fein geschnitten
12 g Eifel-»Oliven« (siehe Rezept Seite 71)
frische Kräuter (z.B. Schafgarbe, Wiesenlabkraut)
Feur de Sel

Sämtliche Gemüse putzen und fein schneiden oder hobeln. Kurz blanchieren oder dämpfen. Portionsweise in Glasschalen anrichten.
Kurz vor dem Servieren das Gemüse in den Glasschalen im lauwarmen Wasserbad erhitzen.
Den fein geschnittenen Schinken kranzförmig auf vier Teller verteilen. Das Gemüse in die Tellermitte stürzen. Mit Vinaigrette beträufeln und mit blanchierten Eifel-»Oliven« und frischen Kräuterblättchen garnieren. Mit einigen Körnchen Fleur de Sel bestreuen.

Die zarten, noch geschlossenen Blütensprossen des Wiesenbocksbarts, die geschmacklich dem Spargel ähneln, sind mein Favorit in Frühlingssalaten.

Filet und Klößchen vom Schellfisch auf Taubnesselspinat

Für 4 Portionen

4 dicke Schellfischfilets (à 150 g), mit Haut
80 g Schellfischfleisch, gehackt
1 EL Honig
1 EL Weißwein
Meersalz, Pfeffer aus der Mühle
1 Eiweiß, leicht verquirlt
4 EL weiße und violette Taubnesselblüten
250 g Taubnesseln
2 EL Olivenöl
80 g Butter
Fleur de Sel

Sauce:
1 EL Holunderblütenessig (ersatzweise Weißweinessig)
1 EL Weißwein
60 g Butter
Meersalz

4 große Taubnesselblätter und 1 EL Taubnesselblüten als Garnitur

Den gehackten Schellfisch mit Honig, Weißwein, Salz und Pfeffer mischen und daraus vier Klößchen formen. Die Klößchen im verquirlten Eiweiß wenden und in den Taubnesselblüten wälzen. 10 Minuten vor dem Servieren die Schellfischklößchen in einem Kochtopf mit Siebeinsatz dämpfen.
Die Taubnesselblätter von den Stengeln schneiden. Die Stengel in feine Scheibchen schneiden (benötigt werden 4 Esslöffel davon). Blätter und Stengel getrennt in kochendem, gesalzenem Wasser blanchieren. Abgießen und abtropfen lassen. Getrennt in etwas heißem Olivenöl andünsten.
Mit Pfeffer und Meersalz würzen und warm halten.

Die Schellfischfilets in heißem Olivenöl auf der Hautseite etwa 8 Minuten knusprig braten, dabei die Oberseite mit Butter bepinseln und mit Backpapier bedecken. Mit Fleur de Sel und Pfeffer würzen.
Für die Sauce den Holunderblütenessig mit dem Weißwein aufkochen und mit Butterstückchen cremig aufschlagen. Mit Meersalz würzen.
Auf vier vorgewärmten Tellern mit den Taubnesselblättern und -stengeln je einen dreieckigen Sockel formen. Die Schellfischfilets mit der Hautseite nach oben darauflegen. Die Schellfischklößchen jeweils auf einem Taubnesselblatt daneben anrichten. Etwas Sauce auf die Teller verteilen oder in einer Saucière dazu reichen. Mit Taubnesselblüten garnieren.

Die azurblauen Blüten des Natternkopfs werden getrocknet und gemahlen und zum Panieren von Fisch verwendet, der anschließend in nicht zu heißem Öl gebraten wird. Das Kraut erinnert geschmacklich dezent an Gurken.

Das Lungenkraut ist verwandt mit dem kultivierten Borretsch. Seine zarten Blätter mit ihrem Aroma von Muscheln und Austern eignen sich für eingelegte Gurken, Kräuterbutter, Grüne Sauce und als Wildgemüsebeilage zu Fischgerichten.

Pizza à la »Vieux Sinzig« mit Bärlauch, Wildschweinschinken und Eifel-»Oliven«

Für 4 Personen

Pizzateig:
200 g Mehl
10 g frische Hefe
100 ml Wasser
1 TL Salz

Belag:
1 kleine Zwiebel, gewürfelt
1 EL Olivenöl
80 g Bärlauch, in Streifen geschnitten
40 g Wildschweinschinken oder Serrano-Schinken, klein gewürfelt
1 Tomate, gehäutet, geachtelt
50 g Hagebuttensauce (Rezept Seite 120)
40 g Eifel-»Oliven« (siehe Rezept Seite 71)
80 g Mozarella, in Scheiben geschnitten

Für den Pizzateig das Mehl in eine Schüssel geben, in der Mitte eine Mulde drücken, die Hefe hineinbröckeln und das Wasser dazugeben. 10 Minuten zu einem glatten Teig verkneten. Zugedeckt an einem warmen Ort 1 Stunde gehen lassen. Dann das Salz dazugeben und den Teig 10 Minuten kneten. Nochmals 1 Stunde gehen lassen.
Den Teig ausrollen und vier Tartelette-förmchen (von etwa 8 cm Durchmesser) damit auslegen.
Für den Belag die Zwiebel im Olivenöl glasig dünsten. Den Bärlauch dazugeben. Den Wildschweinschinken auf den Pizzateig legen. Zwiebel, Bärlauch und die Tomaten darauf verteilen. Die Hagebuttensauce und die Eifel-»Oliven« darübergeben und mit Mozarella belegen. Im auf 220 Grad vorgeheizten Backofen 10 Minuten backen. Die Pizza aus den Förmchen nehmen und mit einem kleinen Kräutersalat servieren.

Muschelsuppe mit Pfifferlingen und Natternkopf

Für 4 Personen

200 ml Weißwein
1 Schalotte, fein gewürfelt
1 kg Bouchot-Muscheln
50 g Butter
400 g Pfifferlinge, geputzt
½ l Geflügelfond
¼ l Sahne
50 g Gemüsewürfelchen (Karotte, Sellerie, Lauch)
1 EL Butter
20 g Natternkopf, ersatzweise Borretsch oder Lungenkraut
Meersalz, Pfeffer aus der Mühle

Für den Muschelsud den Weißwein mit der Schalotte in einem großen Topf aufkochen. Die Muscheln dazugeben; sobald sich die Muschelschalen öffnen, den Topf vom Herd nehmen. Die Muscheln in ein Sieb schütten und den Sud auffangen. Das Muschelfleisch aus den Schalen lösen; geschlossene Muscheln wegwerfen.
Die Butter in einer Pfanne erhitzen und die Pfifferlinge darin andünsten, beiseite stellen. Muschelsud und Geflügelfond in einen Topf geben und aufkochen. Die Sahne darunterrühren und die Suppe auf etwa 600 ml einkochen. Mit Salz und Pfeffer abschmecken. Die Gemüsewürfelchen kurz in der heißen Butter andünsten.
Kurz vor dem Servieren Muscheln und Pfifferlinge in die Suppe geben und mit den Gemüsewürfelchen nochmals leicht erwärmen. In vier Suppenteller verteilen und mit dem fein geschnittenen Natternkopf bestreuen.

Vogelmierensuppe mit Maisravioli

Für 4 Personen

Vogelmierensuppe:
1 kleine Zwiebel, fein gewürfelt
50 g Lauch (nur das Weiße), klein geschnitten
20 g Butter
100 g Kartoffeln, fein gewürfelt
½ l Geflügelbrühe
200 ml Sahne
Meersalz
100 g Vogelmiere, fein gehackt

Ravioliteig:
100 g feiner Hartweizengrieß (Dunst)
1 Ei
½ TL Salz
1 EL Salz und 1 EL Öl für das Kochwasser

Raviolifüllung:
1 EL Mehl
15 g Butter
50 ml Milch
Salz, Pfeffer aus der Mühle, Muskatnuss
100 g Maiskörner

4 Sträußchen Vogelmiere

Für die Vogelmierensuppe Zwiebel und Lauch in der Butter glasig dünsten. Die Kartoffelwürfel dazugeben und mit der Geflügelbrühe aufgießen. 15 Minuten kochen lassen. Dann die Sahne dazugeben. Mit Salz abschmecken.
Kurz vor dem Servieren die fein gehackte Vogelmiere unter die Suppe rühren. Die Vogelmiere darf nur kurz erwärmt werden, da sonst ihr feiner, frischer Geschmack verloren geht.
Für den Ravioliteig Hartweizengrieß, Ei und Salz zu einem festen Teig verarbeiten. 20 Minuten ruhen lassen.

Für die Füllung das Mehl in der heißen Butter anschwitzen. Mit der Milch ablöschen. Mit Salz, Pfeffer und Muskat würzen. Die Maiskörner darunterrühren. Den Ravioliteig dünn ausrollen und halbieren. Im Abstand von 5 cm jeweils einen Teelöffel Füllung auf die eine Teigplatte verteilen. Mit der zweiten, leicht angefeuchteten Teigplatte bedecken. Den Teig rund um die Füllung vorsichtig andrücken. Die Ravioli mit einem Teigroller ausschneiden. Auf einen Gitterrost legen und etwas antrocknen lassen.
Kurz vor dem Servieren reichlich Salzwasser mit etwas Öl aufkochen und Ravioli etwa zwei Minuten darin garen.
Die Suppe in Suppenteller verteilen. Jeweils drei Ravioli daraufsetzen und mit einem Sträußchen Vogelmiere garnieren.

Wie die Vogelmiere kann die Wassermiere als Salat gegessen werden. Sie besitzt saftige, große, leicht behaarte Blätter mit einem feinen Maisgeschmack und Süßholzaroma im Abgang. Das dekorative Kraut wächst in vielen Gärten als »Unkraut«. Neben Salaten verfeinert es vor allem kalte Suppen, Reisgerichte und Polenta.

Das ausgeprägte, unverkennbare Aroma der tiefgrünen Blätter und feinen, blauen Blüten der Gundelrebe (Gundermann) kommt gut in Süßspeisen zur Geltung, besonders in Verbindung mit Schokolade und Honig.

Wiesenkümmel sieht aus wie das grüne Kraut der Karotten. Bei reichlicher Ernte kann er als Gemüse oder Salat zubereitet werden.

Gazpacho mit Wiesenkümmel-Beignet

Für 4 Portionen

Beignetteig:
60 ml Bier
1 kleines Ei
60 g Mehl
1 Prise Salz
1 TL Öl
2½ g frische Hefe
1 Msp. Schwarzkümmel

Gazpacho:
1 Zwiebel
1 rote Paprika
½ Salatgurke
2 kleine Tomaten, gehäutet
2 Knoblauchzehen
¼ Chilischote
1 kleiner Zweig Liebstöckel
10 g Wiesenkümmel
½ Scheibe Toastbrot, zerbröselt
20 ml Olivenöl
100 ml Gemüsebrühe
2 EL Spätburgunderessig

12 Wiesenkümmelspitzen
Frittieröl zum Ausbacken

Für den Teig das Bier mit dem Eigelb und allen weiteren Zutaten verrühren. 1 Stunde an einem warmen Ort gehen lassen. Unmittelbar vor dem Servieren das Eiweiß cremig aufschlagen und darunterheben.
Für den Gazpacho die Gemüse und Kräuter fein schneiden. Die Toastbrotbrösel, Olivenöl, Gemüsebrühe und Essig dazugeben. Mit etwas Salz würzen. Kalt stellen.
Die Wiesenkümmelspitzen in den Beignetteig tauchen und im 180 Grad heißen Öl etwa 2 Minuten goldgelb ausbacken. Auf Küchenpapier abtropfen lassen, salzen.
Den Gazpacho in vier Suppenteller verteilen und mit den warmen Beignets garnieren.

Lachs mit Gundelrebe gebeizt

Für 4 Personen

600 g Lachsfilet
20 g Gundelrebe, blanchiert
20 g Gundelrebe, frisch
20 g Honig
1 gehäufter EL Meersalz

Süße Senfsauce:
1 Eigelb
70 g Wiesenschaumkraut-Senf (siehe Rezept Seite 32)
40 g Zucker
50 ml Rotweinessig
1 TL Meersalz
100 ml Öl (Zimmertemperatur)

4 kleine Sträußchen Wiesenschaumkraut-Blätter

Das Lachsfilet in eine flache Schale legen. Die Gundelrebe mit dem Honig fein pürieren. Gleichmäßig auf dem Lachsfilet verstreichen und mit dem Salz bestreuen. Mit Frischhaltefolie abdecken und 4 Tage im Kühlschrank marinieren; dabei nach 2 Tagen mit dem entstandenen Saft begießen.
Das Lachsfilet aus der Marinade nehmen, auf einen Rost legen und an einer luftigen Stelle 12 Stunden trocknen lassen. Noch einmal einen Tag in den Kühlschrank stellen, damit das Lachsfleisch schnittfest wird. In dünne Scheiben schneiden.
Für die süße Senfsauce Eigelb, Senf, Zucker, Essig und Salz verrühren. Das Öl in feinem Strahl unter ständigem Rühren dazugeben.
Die Lachsscheiben fächerförmig auf vier Teller verteilen. Mit der Senfsauce umranden und mit dem Wiesenschaumkraut garnieren.

Tipp:
Dazu passen Kartoffeln in der Schale oder Zucchini-Kräuter-Rösti.

Kaiserbarschfilet mit Akazienblüten-Beurre-blanc

Für 4 Personen

400 g Kartoffeln
4 EL gehackter Weinbergschnittlauch (20 g)
12 kleine Stangen Wildlauch oder Lauchzwiebeln, in Ringe geschnitten

Akazienblüten-Beurre-blanc:
1 Schalotte, fein gewürfelt
20 g Akazienblüten in Kräuteressig (siehe unten) oder Kapern
80 g Butter

Kaiserbarsch mit Kartoffelkruste:
4 kleine Kartoffeln
20 g Butter
1 EL Öl
4 Kaiserbarschfilets à 150 g
Meersalz, Pfeffer aus der Mühle

Die Kartoffeln kochen, noch warm schälen, zerdrücken und den fein geschnittenen Weinbergschnittlauch dazugeben. Mit Salz und Pfeffer würzen.
Den Wildlauch 2 Minuten dämpfen.
Für die Beurre blanc die fein gewürfelte Schalotte mit dem Kräuteressig von den Akazienblüten und einem Esslöffel Wasser aufkochen. Nach und nach mit kalten Butterstückchen aufschlagen. Mit Salz und Pfeffer abschmecken. Die Akazienblüten dazugeben und warm halten.
Die Kartoffeln für die Kartoffelkruste schälen und roh mit einem Gemüsehobel in dünne Scheiben schneiden. In einer Pfanne die Butter zusammen mit dem Öl erhitzen. Die Kartoffeln schuppenartig in der Größe der Fischfilets im heißen Fett in der Pfanne anordnen. Die Kaiserbarschfilets darauf legen und etwa 8 Minuten bei kleiner Hitze garen. Mit Salz und Pfeffer würzen.
Von dem Kartoffelpüree vier Nocken abstechen und auf vier vorgewärmten Tellern anrichten. Den Wildlauch und die Akazienblüten-Beurre-blanc auf die Teller verteilen. Die Kaiserbarschfilets mit den Kartoffelschuppen nach oben darauf anrichten.

Akazienblüten in Essig

600 g Akazienblüten
1 gehäufter EL Meersalz
1 Msp. Nelkenpulver oder 1 Nelke
1 gestrichener EL Senfpulver
150 ml Weinessig

Die Akazienblüten von Stengeln und Blättern befreien, nicht waschen, weil sonst der aromatische Blütenstaub verloren geht.
Die Gewürze mit dem Essig aufkochen.
Die Akazienblüten dazugeben und 2 Minuten im Gewürz-Essig-Sud kochen.
Die Akazienblüten-»Kapern« heiß in ein Schraubglas füllen, gut verschließen und kühl lagern. Haltbarkeit: mindestens 2 Jahre.

Bei der landläufig und botanisch nicht korrekt als »Akazie« bezeichneten Robinie handelt es sich um eine Scheinakazie. Sie gehört wie die Erbse zur Familie der Leguminosen, daher ist es nicht verwunderlich, dass die Akazienblüten sowohl im Geschmack als auch in ihrem Aussehen an die Erbse erinnern. Da die Blüten schnell aufgehen und verblühen, sollten sie im geschlossenen Zustand gepflückt werden. Sie können als Gemüse oder zu Gelee verarbeitet werden.
Die im Frühjahr geernteten Blätter und die im Spätsommer gewonnenen Samen werden getrocknet und geröstet, wie Kaffee aufgebrüht und entsprechend weiterverarbeitet, etwa zu Bayerischer Creme, Eis oder Tiramisù.

In der Zeit von Ende April bis Anfang Mai erscheinen die Blütenknospen des Wiesenbärenklaus, die wie kleine Brokkoliröschen aussehen, diese jedoch geschmacklich bei weitem übertreffen.
Aus den grünen Früchten mit ihrem feinen Zitrusaroma lässt sich ein interessantes Sorbet herstellen: Dazu Bärenklaufrüchte pürieren, mit Zucker, Zitronensaft, Mineralwasser und etwas Pektin verrühren und gefrieren lassen.

Die kleinen Blütenknospen des Gänseblümchens werden noch geschlossen gepflückt. Die zarten, jungen Blätter und die Blüten können als Salat verarbeitet werden.
Mit dem Sammeln von Gänseblümchen lassen sich Kinder besonders gut für die Wildpflanzenküche gewinnen.

Bärenklau-Pickles

Als Pickles eingemacht, sind diese Knospen geschmacklich eine unübertroffene Delikatesse. Sie sind etwa zwei Wochen nach der Zubereitung zum Verzehr bereit und halten sich kühl gelagert mindestens 2 Jahre.

400 g Blütenknospen von Wiesenbärenklau
50 g Meersalz
10 Stengel Bärlauch
1 Zweig Beifuß oder Estragon
1 Nelkenwurzel oder 2 Gewürznelken
2 EL Quendelblätter (Feldthymian)
6 Pfefferkörner
5 Pappelknospen oder 1 kleine Zimtstange
5 cm Waldlakritzwurzel oder 1 walnussgroßes Stück Ingwer
½ l Weißweinessig
¼ l Wasser
100 g Kandiszucker

Die Bärenklaublütenknospen von ihrer äußeren Hülle befreien. Mit dem Meersalz bestreuen und 48 Stunden im Kühlschrank stehen lassen. Abspülen und in ein Einmachglas schichten.
Alle anderen Zutaten in einen Topf geben und aufkochen. Den Sud im verschlossenen Topf abkühlen lassen. Anschließend über die Bärenklaublütenknospen gießen und diese im fest verschlossenen Glas zwei Wochen im Kühlschrank ziehen lassen.
Bärenklau-Pickles passen zu Carpaccio, zu Tatar oder zu Fondue.

Gänseblümchen-Kapern

Zu »Kapern« können auch andere essbare Blütenknospen verarbeitet werden, zum Beispiel von Beinwell, Malve, Nachtkerze, Bärenklau oder Margeriten.

100 g Salz
¼ l Wasser
100 g frische Gänseblümchenblüten oder 20 g getrocknete aus der Apotheke
1 Lorbeerblatt
1 Nelke
1 TL Senfkörner
1 TL Salz
5 Pfefferkörner
¼ l Weinessig

Das Salz im Wasser auflösen und die Gänseblümchen eine Woche darin einlegen.
Die Blüten gut abtropfen lassen, abspülen und trocknen. Zusammen mit den Gewürzen in ein Glas geben. Mit dem Essig bedecken und geschlossen etwa einen Monat ziehen lassen.
Die Gänseblümchen-Kapern eignen sich besonders gut zum Verfeinern von Saucen.

Grüner und weißer Spargel mit Kräuter-Salat-Bouquet

Für 4 Personen

Wildkräuter der Saison, von jeder Sorte 4 kleine Zweige oder Blätter (z.B. Pimpernelle, Taubnessel, Kamillenkraut, Sauerampfer)
50 g Feldsalat oder Rucola
8 Lollo-rosso-Blätter
1 lange, dünne Karotte
4 Zahnstocher oder getrocknete Kräuterstiele (z.B. von Dost)

250 g grüner Spargel
250 g weißer Spargel
2 EL Olivenöl
1 EL Weißweinessig
Meersalz, Pfeffer aus der Mühle

Vinaigrette:
½ Schalotte, fein gehackt
½ EL Hagebuttenessig (ersatzweise Sherry- oder Madeiraessig)
1 EL Sonnenblumenöl
Meersalz, Pfeffer aus der Mühle

Für die Kräuter-Salat-Bouquets alle Kräuter, den Feldsalat und den Lollo rosso putzen, waschen und trockenschleudern.
Die Karotte schälen und auf dem Gemüsehobel längs vier dünne, gleichmäßige Bänder davon abschneiden.
Die Kräuter und den Feldsalat zu vier Sträußchen zusammenfassen, dabei den Feldsalat und den Lollo rosso als »Manschette« nehmen. Mit den Karottenstreifen umwickeln und die Enden mit Zahnstochern oder getrockneten Kräuterstielen befestigen.
Damit das Sträußchen auf dem Teller steht, überstehende Stiele abschneiden.
Das Karottenband dient als Sockel.

Den weißen Spargel schälen, vom grünen Spargel nur die Enden abschneiden. Auf dem Gemüsehobel längs in feine Scheiben schneiden. Die beiden Spargelsorten getrennt im heißen Olivenöl kurz andünsten, mit dem Weißweinessig ablöschen und mit Salz und Pfeffer würzen.
Alle Zutaten zur Vinaigrette mischen.
Die Salatbouquets auf vier Portionsteller stellen und mit etwas Vinaigrette beträufeln. Den Spargel um die Salatbouquets herum anrichten.

Tipp:
Verwenden Sie als besondere Zutat zum Salatbouquet einmal die zarten Ranken der Wicke.

Es ist jedes Mal aufregend, wilden Spargel zu entdecken und zu ernten. Ein unvergleichlicher Genuss!

Die Ranken der Wicke sind spiralförmig gedreht wie eine Sprungfeder. Die Blütenknospen und zarten Triebe schmecken wie Erbsen. Sie machen sich gut in einem Salatbouquet (siehe Rezept).

Aus den lila- oder blass rosafarbenen Blüten des besonders auf feuchten Wiesen wachsenden Wiesenschaumkrautes stellen wir im »Vieux Sinzig« einen außergewöhnlichen Senf her, dessen pikanter Geschmack an Meerrettich erinnert. Aber auch das grüne Kraut verwende ich gerne, es schmeckt – wie Kresse – sehr würzig.

Weißer Heilbutt mit Spargel und Wiesenschaumkraut-Senf

Für 4 Portionen

4 Stücke weißer Heilbutt à 150 g, küchenfertig
20 g Butter
1 EL Olivenöl
Fleur de Sel, Pfeffer aus der Mühle

12 Spargelspitzen (ca. 12 cm lang)
2 EL Wasser
Olivenöl
20 Hopfenspitzen
Meersalz, Zucker

100 g Wiesenschaumkraut-Senf (siehe Rezept unten)

Den Heilbutt auf einer Seite in der heißen Butter-Olivenöl-Mischung anbraten. Mit Fleur de Sel und Pfeffer würzen.
Die Spargelspitzen mit dem Wasser und etwas Olivenöl andünsten. Die Hopfensprossen dazugeben und kurz mitdünsten. Mit Salz und Zucker würzen.
Auf vier Teller je einen Streifen Wiesenschaumkraut-Senf streichen. 2 Esslöffel Wiesenschaumkraut-Senf mit 3 Esslöffeln Wasser zu einer Sauce anrühren und diese auf die Teller verteilen. Je drei Spargelstangen und 5 Hopfenspitzen darauflegen und den Fisch darauf anrichten.

Wiesenschaumkraut-Senf

100 g Wiesenschaumkrautblüten
100 ml Weinessig
50 g Roggenvollkornmehl
1 EL Senfkörner, zerstoßen
1 EL Honig
1 EL Fruchtmark von Blaubeeren, ersatzweise Apfelbeeren (siehe Tipps)
1 TL Meersalz

Die Wiesenschaumkrautblüten mit dem Weinessig fein pürieren. Die übrigen Zutaten dazugeben und gut mischen. Über Nacht im Kühlschrank ziehen lassen.
Den Senf durchrühren. In Gläser mit Schraubverschluss oder gut verschließbare Vorratsbehälter füllen und im Kühlschrank aufbewahren.

Tipps:
Apfelbeeren sind die kleinen, schwarzen, aromatischen Früchte der Aronia melanocarpa, eines Rosengewächses. Für Fruchtmark die Beeren pürieren und durch ein Haarsieb streichen.
Obwohl dieser Senf natürliche Konservierungsmittel wie Essig, Honig und Salz enthält, sollte er innerhalb von 4 Wochen verzehrt werden.
Passt sehr gut zu kaltem Fleisch oder als Sauce zu Fleisch und Fisch (siehe Rezept oben).

Seezungenfilet in Beinwell-Buchweizen-Crêpe

Für 4 Personen

Crêpeteig:
50 g Buchweizenmehl
125 ml Wasser
1 Ei
1 Prise Salz
25 g flüssige Butter

1 Schalotte
2 Beinwellsprossen
1 EL Sonnenblumenöl
8 gleich große Beinwellblätter (ca. 20 cm lang)
4 Seezungenfilets à 60 g, gehäutet
50 ml Sonnenblumenöl
grobes Meersalz, Pfeffer aus der Mühle

Tomatensauce:
1 Zwiebel, grob gewürfelt
4 Tomaten, grob gewürfelt
2 EL Olivenöl
50 ml Weißwein
1 Knoblauchzehe
1 Bouquet garni
Salz, Chilipulver, Zucker

4 Seezungenfilets à 60 g mit der weißen Haut
1 EL Mehl
2 EL Sonnenblumenöl
Meersalz, Pfeffer aus der Mühle

2 Beinwellsprossen
1 EL Olivenöl

Für den Crêpeteig das Buchweizenmehl mit Wasser, Ei, Salz und der flüssigen Butter zu einem glatten Teig verrühren. Den Teig etwa 2 Stunden quellen lassen.
Die Schalotte und die Beinwellsprossen klein schneiden und im heißen Sonnenblumenöl kurz dünsten.
Vier Beinwellblätter mit der haarigen Seite nach oben auf die Arbeitsplatte legen. Mit einem Nudelholz überrollen. Auf jedes Blatt ein mit Salz und Pfeffer gewürztes Seezungenfilet legen, so dass der Rand frei bleibt. Die Schalotten-Beinwell-Mischung darauf verteilen. Die restlichen vier Beinwellblätter mit der haarigen Seite nach unten darauf legen. Die Blattränder gut andrücken (»Klettverschluss«). Vorsichtig einzeln in den Buchweizenteig tauchen und in einer beschichteten Pfanne in heißem Öl von beiden Seiten goldgelb braten. Mit Salz bestreuen.
Für die Sauce Zwiebel und Tomaten im heißen Olivenöl andünsten. Mit dem Weißwein und 100 ml Wasser ablöschen. Den Knoblauch und das Bouquet garni hinzufügen und etwa 20 Minuten köcheln lassen. Dann das Bouquet garni entfernen. Die Sauce fein pürieren und durch ein Sieb streichen. Mit Salz, Chilipulver und Zucker abschmecken.
Die Hautseite der vier restlichen Seezungenfilets mit Mehl bestäuben und auf der bemehlten Seite in etwas Öl etwa 6 Minuten braten. Nicht wenden. Die obere Seite der Fischfilets mit etwas grobem Meersalz und frisch gemahlenem Pfeffer würzen.
Für die Garnitur die Beinwellsprossen in Ringe schneiden und in etwas Olivenöl anbraten. Salzen und pfeffern.
Die Tomatensauce als Spiegel auf vier Portionsteller verteilen. Die Seezungenfilets in der Beinwellhülle diagonal halbieren, auf den Tellern anrichten und dazwischen die gebratenen Fischfilets legen. Mit Beinwellröllchen garnieren.

Tipp:
Eine interessante Variante anstelle der Tomatensauce ist eine Hagebuttensauce (Rezept Seite 120).

Der charakteristische Geschmack des Beinwells erinnert an frische Gurken mit einem Hauch Meeresbrise und eignet sich deshalb besonders gut zum Würzen von Fischgerichten. Die zarten Blätter können mit einer Füllung zu kleinen Rouladen gewickelt werden. Die Stiele lassen sich wie Spargel zubereiten.

Gedämpfte Forellenröllchen mit Spitzwegerich

Für 4 Personen

8 Forellenfilets ohne Haut (ca. 600 g)
8 Blätter Spitzwegerich, mit dem Teigroller flach gewalzt
8 dünne Streifen Lauchgrün (20 cm lang)

Sauce:
1 Schalotte, klein geschnitten
50 g Butter
200 ml Weißwein
200 ml Sahne
Meersalz, Pfeffer aus der Mühle

Die Forellenfilets mit Salz und Pfeffer würzen. Jeweils mit einem Spitzwegerichblatt belegen, aufrollen und mit den Lauchstreifen festbinden.
Die Fischröllchen auf einen gebutterten Siebeinsatz legen und im aufsteigenden Dampf (ohne Druck) 6 Minuten dämpfen.
Die übrigen Spitzwegerichblätter ganz in etwas Butter bei kleiner Hitze dünsten.
Für die Sauce die Schalotte in der heißen Butter glasig dünsten. Den Wein dazugießen und langsam einkochen lassen. Die Sahne dazugeben. Mit Salz und Pfeffer abschmecken und zusammen mit den Forellenröllchen anrichten.
Dazu einen Naturreis servieren.

Perlhuhnbrust mit Schnittlauchquark und Geißfuß-»Spinat«

Für 4 Personen

4 Perlhuhnbrüste, küchenfertig
60 g Magerquark
2 EL Olivenöl
2 EL fein geschnittener Weinbergschnittlauch (10 g)
Meersalz, Pfeffer aus der Mühle
20 g Butter und 1 EL Olivenöl zum Braten

Geißfuß-»Spinat«:
200 g Geißfuß (Giersch), die Blätter von den Stengeln geschnitten, die Stengel klein geschnitten
1 kleines Stück Ingwer (20 g), geschält, fein gehackt
1 Knoblauchzehe, fein gehackt
1 EL Olivenöl

Sauce:
¼ l Geflügelfond
20 g Butter

Den Quark mit Olivenöl und Weinbergschnittlauch verrühren. Würzen.
Die Perlhuhnbrüste auf der Innenseite mit dem Kräuterquark bestreichen. Butter und Öl erhitzen und die Perlhuhnbrüste auf der Hautseite anbraten. Im vorgeheizten Backofen bei 220 Grad 5 Minuten weiterbraten. Herausnehmen und warm stellen.
Die Geißfußblätter kurz blanchieren, abgießen. Ingwer und Knoblauch im Olivenöl kurz andünsten. Die Geißfußblätter dazugeben und 3–5 Minuten unter ständigem Rühren dünsten. Abschmecken.
Die klein geschnittenen Geißfußstengel zum Bratensatz der Perlhuhnbrüste geben und kurz andünsten. Herausnehmen und beiseite stellen. Den Bratensatz mit dem Geflügelfond lösen und auf etwa 100 ml einkochen lassen. Durch ein Sieb gießen. Mit Butterstückchen aufschlagen und die Geißfußstengel wieder dazugeben.
Die Perlhuhnbrust auf dem Geißfuß-»Spinat« anrichten und mit Sauce umranden.

Poulardenbrust in Klettenblättern gedämpft mit Rosinen-Kapern-Sauce

Für 4 Personen

Rosinen-Kapern-Sauce:
50 g Trauben
100 ml Traubensaft
100 g Rosinen (Korinthen)
50 g eingelegte Blüten-»Kapern«, am besten gemischt (z. B. Knospen von Ringelblumen, Akazien, Nachtkerzen, Bärenklau, Beinwell, Gänseblümchen; siehe Seite 30)
etwas Kapernessig, Meersalz und Pfeffer aus der Mühle

4 Stengel Weinberglauch (ersatzweise 1 Lauchzwiebel oder 4 Blätter Bärlauch)
80 g zarte Klettenstengel
100 ml Riesling
4 Klettenblätter
4 Poularden- oder Hähnchenbrüste, küchenfertig, ohne Haut
2 EL Quendelblättchen (Feldthymian)
2 Fleischtomaten, gehäutet, entkernt, gewürfelt
Meersalz, Pfeffer aus der Mühle

Die Trauben mit dem Traubensaft aufkochen und durch ein feines Sieb passieren. Die Rosinen oder Korinthen dazugeben und über Nacht ziehen lassen. Die Blüten-»Kapern« samt Marinade dazugeben, alles im geschlossenen Topf aufkochen und etwa 1 Stunde köcheln lassen. Fein pürieren und durch ein Haarsieb streichen. Eventuell mit etwas Kapernessig, Meersalz und Pfeffer abschmecken.
Den Weinberglauch in Ringe schneiden. Die Fäden von den Klettenstengeln abziehen, die Stengel längs in Streifen schneiden und 2 Minuten in etwas Riesling garen. Die Klettenblätter blanchieren, in kaltem Wasser abschrecken und abtropfen lassen.

Die blanchierten Klettenblätter auf der Arbeitsplatte auslegen. Je eine Hähnchenbrust darauflegen und mit Feldthymian bestreuen. Tomatenwürfel, Weinberglauch, Klettenstengel und den restlichen Riesling über die Poularden- oder Hähnchenbrüste verteilen. Die Klettenblätter über die Füllung schlagen und die Enden mit einem Zahnstocher befestigen. In einem Siebeinsatz über Dampf etwa 12 Minuten garen. Die Poulardenpäckchen auf vier vorgewärmte Teller legen und öffnen. Zusammen mit Basmatireis und der Rosinen-Kapern-Sauce servieren.

Die geschälten Stengeltriebe der Klette schmecken wie Artischocken.
Zum Garen auf dem Grill können Brotteig, Fleisch oder Gemüse in Klettenblätter eingewickelt werden, so bleiben sie schön saftig und erhalten ein feines Klettenaroma. Die Blätter werden nach dem Grillen entfernt.

Aus den wohlriechenden, leuchtend gelben Blüten der Nachtkerze, die sich erst gegen Abend öffnen, können Blütensalate oder »Kapern« zubereitet werden. Sie machen sich auch gut in Frischkäse oder Quark. Die Wurzeln der einjährigen Pflanze werden wie Schwarzwurzeln als Gemüse zubereitet. Aus den reifen Samen wird das hochwertige Nachtkerzenöl gewonnen, das bei zahlreichen Krankheiten hilft.

Hühnerragout mit Fetthenne-Tempura

Die leicht nussig schmeckenden Blätter der Großen Fetthenne (Sedum telephium) eignen sich sehr gut zum Frittieren als Tempura (siehe Rezept). Die Blätter blähen sich dann auf wie kleine Kissen.

Für 4 Personen

Hühnerragout:
4 gekochte Hühnerbrüste (von Suppenhühnern, ohne Haut)
150 ml Hühnerbrühe
1 TL Sago
1 TL Meersalz
1 Msp. Chilipulver
4 zarte Triebe Fetthenne, ca. 6 cm lang
1 rote Paprika, entkernt
100 g Ananas, geschält, Strunk entfernt
10 g Ingwer, geschält
1 Lauchzwiebel, weißer und grüner Teil separat in Ringe geschnitten
1 EL Sonnenblumenöl
100 g Glasnudeln

Tempurateig:
(Erst 10 Minuten vor dem Backen zubereiten!)
1 Eigelb
100 ml eiskaltes Wasser
60 g Mehl, gesiebt
½ TL Backpulver

Tempura:
20 Blätter Fetthenne
Meersalz
1 TL Schabzigerklee oder Curry

½ l Sonnenblumenöl zum Ausbacken

Für das Hühnerragout die gekochten Hühnerbrüste mit zwei Gabeln faserig zerzupfen und über heißem Wasserdampf wärmen.
Für die Sauce die Hühnerbrühe mit Sago, Salz und Chili etwa 20 Minuten köcheln, so dass die Brühe leicht angedickt ist.
Die Fetthennetriebe, Paprika, Ananas und Ingwer würfeln und zusammen mit den weißen Lauchzwiebelringen im heißen Sonnenblumenöl kurz andünsten. Die angedickte Hühnerbrühe darunterrühren. Abschmecken.

Für den Tempurateig 10 Minuten vor dem Ausbacken alle Zutaten zu einem flüssigen Teig verrühren.
Die Fetthenneblätter in den Teig tauchen und im 170 Grad heißen Öl 3–4 Minuten goldgelb ausbacken. Auf Küchenpapier abtropfen lassen, mit Meersalz und Schabzigerklee würzen. Im Backofen bei 80 Grad warm stellen.
Die Glasnudeln mit kochend heißem Wasser überbrühen und kurz gar ziehen lassen.
In die Mitte auf vier vorgewärmte Teller verteilen. Das Hühnerfleisch rundherum verteilen und mit der Sauce überziehen. Jeden Teller mit fünf ausgebackenen Fetthenneblättern garnieren und mit den grünen Lauchzwiebelringen bestreuen.

Spanferkelkeule mit Zahnwurz und Topinambur

Für 6–8 Personen

1 Spanferkelkeule (etwa 1,2 kg)
½ Zitrone
1 EL Öl
Meersalz, Pfeffer aus der Mühle
250 g grob gewürfeltes Röstgemüse (Karotten, Lauch, Sellerie, Zwiebel)

Sauce:
400 ml Sahne
100 g frische Zahnwurzwurzel, gebürstet
Saft von ½ Zitrone
1 EL grüne Zahnwurzsamen

Topinambur:
1 kg Topinambur
50 ml Essig
1 EL Sonnenblumenöl
1 EL Sonnenblumenkerne

Senfblüten

Die Spanferkelkeule 5 Minuten in kochendem Wasser blanchieren. Die Schwarte mit einem scharfen Messer rautenförmig einschneiden. Die Keule rundherum mit der Schnittfläche der Zitrone einreiben und mit Öl bepinseln. Salzen und pfeffern. In einen Bräter legen und im vorgeheizten Backofen bei 200 Grad etwa 40 Minuten braten. Nach 20 Minuten die Keule wenden, das Röstgemüse dazugeben und weitere 20 Minuten braten. Die Spanferkelkeule aus dem Bräter nehmen.
Für die Sauce die Sahne in den Bräter gießen, den Bratenfond damit lösen und alles dickflüssig einkochen. Die Zahnwurzwurzel unter fließendem Wasser gut abbürsten, sehr fein reiben und zur Sauce geben. Die Sauce durch ein Sieb streichen. Den Zitronensaft und die Zahnwurz-Blütenknospen daruntermischen. Mit Meersalz und Pfeffer abschmecken.

Die Topinambur putzen, schälen und in Essigwasser legen. In einer Pfanne das Öl erhitzen. Die Topinambur in Scheiben schneiden und unter ständigem Rühren im heißen Öl dünsten. Die Sonnenblumenkerne dazugeben und kurz mitdünsten. Etwas Sauce und Topinamburgemüse auf die Teller verteilen. Das Spanferkel in Scheiben schneiden und auf der Sauce anrichten. Mit Senfblüten garnieren.

Unsere Nachbarin in der Normandie kochte die Topinamburknollen wie Salzkartoffeln und schwenkte sie anschließend in einer säuerlichen Crème fraîche. Très bon!

Die bizarr aussehende Zahnwurzwurzel schmeckt wie Meerrettich und wird auch wie dieser in der Küche verwendet. Die nach der Blüte geernteten grünen Samen würzen mit ihrer pfeffrigen Schärfe wie grüner Pfeffer.

Brennnessel-Aligot

Eines der Lieblingsgerichte unserer Gäste.

Für 8 Personen

1 kg fest kochende Kartoffeln
200 g Brennnesselblätter
400 ml Sahne
50 g Butter
400 g Tomme de Laguiole oder ersatzweise 200 g junger Gouda, gerieben, und 200 g Mozarella, klein gewürfelt
Meersalz, weißer Pfeffer aus der Mühle
Muskat
1 Knoblauchzehe, zerdrückt

Die Kartoffeln kochen, noch warm schälen und zu einem Püree zerdrücken.
Inzwischen die Brennnesselblätter blanchieren, abgießen, pürieren und abkühlen lassen (es sollte 100 g Brennnesselpüree ergeben).
Das Brennnesselpüree und die Sahne unter das heiße Kartoffelpüree rühren. Die Butter und nach und nach den Käse dazugeben und so lange kräftig rühren, bis der Käse Fäden zieht.
Mit Salz, weißem Pfeffer, Muskat und zerdrücktem Knoblauch würzen.

Huflattich-Kartoffel-Gratin

Für 4 Personen

50 g Speck, fein gewürfelt
1 Zwiebel, fein gehackt
50 g Butter
400 g neue Kartoffeln, gewaschen, geschält
4 Blätter Huflattich
1 TL Kümmel

Guss:
2 Eier
200 ml Sahne
Meersalz, Pfeffer aus der Mühle

Speck und Zwiebel in etwas Butter anbraten.
Die Kartoffeln in dünne Scheiben schneiden.
Den Huflattich in Streifen schneiden.
Eine Auflaufform mit Butter ausstreichen.
Die Kartoffeln mit den übrigen Zutaten in die Form schichten.
Eier und Sahne verquirlen. Mit Salz und Pfeffer würzen. Über die Kartoffeln gießen.
Im vorgeheizten Backofen bei 180 Grad etwa 45 Minuten backen.

Orangen-Erdbeer-Terrine mit Bärenklaufrüchten und Himbeersauce

Nach der Blüte entfalten die zarten Bärenklaufrüchte einen feinen Zitrusduft, der diesem Gericht ein würziges Aroma verleiht.

Für eine Terrinenform von 1 Liter Inhalt

Orangen-Erdbeer-Terrine:
100 ml Orangensaft
60 g Zucker
1 TL grüne Bärenklaufrüchte
200 g kleine Erdbeeren
8 g Agar-Agar
¼ l Champagner
400 g Orangenfilets (von ca. 8 Orangen)

Blätterteigöhrchen:
125 g Butterblätterteig
60 g Rohrpuderzucker

¼ l Himbeersauce (siehe Tipp)
250 g frische Himbeeren
einige Minzblättchen

Für die Orangen-Erdbeer-Terrine den Orangensaft mit dem Zucker und den Bärenklaufrüchten aufkochen. Die geputzten und halbierten Erdbeeren kurz in dem Sirup pochieren. Mit einem Schaumlöffel herausheben und beiseite stellen. Das Agar-Agar zum Sirup geben und 2 Minuten kochen lassen. Den Champagner darunterrühren. Dann die Orangenfilets und die Erdbeeren dazugeben.
Die Terrinenform mit Frischhaltefolie auslegen. Die Früchte mit der Flüssigkeit in die Form gießen und im Kühlschrank fest werden lassen.
Statt einer großen Form können auch einzelne Portionsförmchen verwendet werden.

Für die Blätterteigöhrchen den Blätterteig ½ cm dick ausrollen und zu einer Rolle von etwa 2 cm Durchmesser aufrollen. Eine Stunde im Tiefkühler kühlen. Die Rolle in 3 mm dünne Scheiben schneiden. Zwischen zwei Blättern Frischhaltefolie auf Rohrpuderzucker hauchdünn ausrollen und auf ein Backblech legen. Im Backofen bei 160 Grad 12 Minuten backen.
Das passierte Himbeermark kreisförmig auf vier Teller verteilen. Je 12 Himbeeren rundherum an den Rand setzen. Zwei Scheiben Terrine in der Tellermitte anrichten. Mit Blätterteigöhrchen und Minzblättchen garnieren.

Tipp:
250 g Himbeeren nach Geschmack mit 1 TL Zucker pürieren und durch ein Haarsieb streichen.

Holunderblütenmousse mit Schwarze-Holunderbeeren-Espuma und Holunderblüten-»Öhrchen«

Schon bei den Kelten und den Römern waren der Holunderbaum und die Verwendung seiner Früchte von Bedeutung. Die Vitamin-C-reichen Beeren werden zu Saft, Gelee, Chutney und Wein verarbeitet. Die Beeren sollten nicht roh gegessen werden, da ihr Verzehr Brechreiz auslösen kann.

Holunderblüten duften nach Muskatellerwein und Honig. Ein feiner Holunderblüten-Aperitif lässt sich ganz einfach herstellen: Die Holunderblüten werden nur mit Hefe, Zucker, Zitronensaft und Wasser vergoren. Geschmacklich erinnert dieser edle Wein an Mango und Passionsfrüchte.

Für 4 Personen

Holunderblüten-»Öhrchen«:
500 g Mehl
300 g Holunderblütengelee oder -sirup
3 Eigelb
1 Prise Meersalz

1 l Öl zum Frittieren
Puderzucker zum Bestreuen

Holunderblütenmousse:
6 Holunderblütendolden
100 ml Wasser
Saft von 1 Zitrone
100 g Zucker
2 Eier
2 Blatt Gelatine
200 ml Sahne

Schwarze-Holunderbeeren-Espuma:
200 g Schwarze Holunderbeeren, geputzt
150 ml Apfelsaft
75 g Zucker
100 ml Sahne
2½ Blatt Gelatine, eingeweicht
1 Prise Salz

Für die Holunderblüten-»Öhrchen« alle Zutaten verkneten. Den Teig 2 Stunden ruhen lassen. Dann 2 mm dünn ausrollen und in 15 × 5 cm große Rechtecke schneiden. Die Teigrechtecke in heißem Öl goldgelb frittieren. Auf einem Sieb abtropfen lassen. Nebeneinander auf einem Tablett auslegen und mit Zucker bestreuen.
Für die Holunderblütenmousse die Holunderblüten mit dem Wasser und dem Zitronensaft aufkochen und durch ein Haarsieb streichen. Den Zucker dazugeben und sirupartig einkochen. Abkühlen lassen. Die Eier daruntermischen und über dem Wasserbad cremig-dick aufschlagen. Die Gelatine ausdrücken und in der warmen Creme auflösen. Die Sahne steif schlagen und unterheben. Die Mousse im Kühlschrank fest werden lassen.
Für die Holunder-Espuma die Holunderbeeren in einen Topf geben und aufkochen, dann fein pürieren und durch ein Sieb streichen. Das Püree mit Apfelsaft und Zucker erwärmen. Die Gelatine darin auflösen und das Salz hinzufügen. In den Sahnebereiter füllen und mit einer Patrone verschrauben (siehe Küchenpraxis, Seite 148). Die Flasche kräftig schütteln und etwa 4 Stunden kühl stellen.
Von der Holunderblütenmousse mit einem in heißes Wasser getauchten Esslöffel Nocken abstechen und in die Mitte der Dessertteller setzen. Um die Mousse Punkte von Holunderbeeren-Espuma aufspritzen. Mit je drei Holunderblüten-»Öhrchen« garnieren.

Tipp:
Sie können das Gericht auch noch mit in Bierteig ausgebackenen Holunderblüten garnieren und mit Puderzucker bestreuen.

Weißdorn-Mandel-Tartelettes mit Äpfeln

Die zarten Blätter und Blüten des Weißdorns mit ihrem feinen Mandelaroma werden im Frühling gepflückt. Die Erntezeit für die Beeren ist der Herbst, aus ihnen stelle ich ein außergewöhnliches Pesto her.

Für 4 Personen

Feiner Mürbeteig:
25 g Zucker
25 g Puderzucker
100 g Mehl
50 g Butter
Salz
1 Eigelb
1 TL Milch

Belag:
2 Äpfel
50 g Butter
2 EL Rohrzucker

Weißdorn-Mandel-Creme:
100 ml Sahne
40 g gemahlene Mandeln
20 g frisch gepflückte zarte Weißdornblüten und -blätter oder 2 EL Weißdornblütentee
2 Eier
50 g Honig

etwas Puderzucker
200 ml Sahne, steif geschlagen
frische Weißdornblätter- und blüten als Garnitur

Für den Mürbeteig Zucker, Puderzucker, Mehl, Butterstückchen und eine Prise Salz mit den Händen zu feinen Streuseln zerreiben. Mit dem Eigelb und der Milch verkneten. Eine Kugel formen und 30 Minuten abgedeckt kalt stellen.
Den Mürbeteig auf wenig Mehl ⅓ cm dick ausrollen und vier Tartelletteförmchen damit auslegen. Kühl stellen.
Die Äpfel schälen, halbieren und das Kerngehäuse entfernen. Die Äpfel in Scheiben schneiden. Mit Butter und Zucker hell karamellisieren. Auf die Mürbeteigtartelettes verteilen.

Für die Weißdorn-Mandel-Creme die Sahne mit den Mandeln und den Weißdornblüten aufkochen und durch ein Haarsieb streichen. Mit den Eiern und dem Honig vermischen. Die Creme über die Äpfel gießen.
Die Tartelettes im vorgeheizten Backofen bei 160 Grad 30 Minuten backen.
Lauwarm mit Puderzucker bestäuben und mit Schlagsahne servieren. Nach Belieben mit Weißdornblättern und -blüten dekorieren.

Flieder-Krokant-Parfait

Für 10 Personen

Krokant:
220 g Zucker
160 g Haselnüsse, gehackt
1 EL getrocknete Fliederblüten

Fliedersirup:
200 g Zucker
2 EL Fliederblüten

Parfaitmasse:
8 Eiweiß
½ l Sahne, steif geschlagen
250 g getrocknete weiche Früchte (z.B. Backpflaumen, Aprikosen, Kirschen, Feigen), fein gewürfelt

120 ml Himbeersauce (siehe Seite 39)

Für den Krokant den Zucker in einem schweren Gusstopf hellbraun karamellisieren. Die gehackten Haselnüsse dazugeben und umrühren. Die karamellisierten Nüsse auf ein Blech oder eine Edelstahlplatte geben und auskühlen lassen. Mit einem Teigroller zerkleinern.
Für den Fliedersirup 50 ml Wasser mit dem Zucker und den Fliederblüten sirupartig einkochen. Um zu prüfen, ob der Sirup die richtige Konsistenz erreicht hat, gießt man einen Tropfen Sirup in kaltes Wasser. Er sollte sich dann zwischen den Fingern zu einem Kügelchen formen lassen.

Für das Parfait das Eiweiß steif schlagen. Den sehr heißen Fliedersirup über den Eischnee gießen und unter ständigem Rühren abkühlen lassen. Schlagsahne, Krokant und Dörrfrüchte unterheben.
Eine Kastenform mit Frischhaltefolie auslegen. Die Parfaitmasse einfüllen. Mit Frischhaltefolie zudecken und über Nacht gefrieren lassen.
Das Parfait in Scheiben schneiden und mit der Himbeersauce servieren.

Die fein-herb schmeckenden violetten oder weißen Blüten des Flieders verarbeite ich zu Krokant – zum Bestreuen von Eis, Desserts oder Parfaits.

Löwenzahn-Tiramisù mit Tresterfrüchten

Für 8 Personen

Löwenzahnkaramell:
200 g Löwenzahnwurzeln, gründlich gebürstet
100 g Zucker
½ l Wasser

Löwenzahncreme:
3 Eigelb
130 g Löwenzahnblütengelee (siehe unten)
400 g Mascarpone oder ersatzweise Schlagsahne

Biskuitteig:
4 Eier
125 g Zucker
125 g Mehl
1 Prise Salz
Puderzucker

250 g heller Rohrzucker

Tresterfrüchte (siehe Rezept Seite 46)

Die Löwenzahnwurzeln in kleine Stücke schneiden und 2 bis 3 Tage trocknen lassen. Dann in eine Pfanne geben und mit dem Zucker unter ständigem Rühren karamellisieren. Mit dem Wasser bedecken und zugedeckt 30 Minuten ziehen lassen. Durch ein Sieb gießen und abkühlen lassen.
Für die Löwenzahncreme die Eigelbe mit dem Löwenzahnblütengelee im heißen Wasserbad 10 Minuten schaumig-dick aufschlagen. Vom Wasserbad nehmen und in Eiswasser kaltschlagen. Den leicht aufgeschlagenen Mascarpone darunterheben.
Für den Biskuitteig die Eier und den Zucker über einem warmen Wasserbad schaumig aufschlagen. Nach und nach das gesiebte Mehl unterheben. Den Teig ½ cm dick auf ein gebuttertes und mit Mehl bestäubtes Blech gießen und im Backofen bei 150 Grad etwa 8 Minuten backen. Auskühlen lassen. Dann in der benötigten Größe zurechtschneiden.

Den Boden einer rechteckigen Form mit einer Schicht Biskuit auslegen. Gleichmäßig mit Löwenzahnkaramell beträufeln. So viel Creme daraufgeben, dass der Biskuit damit bedeckt ist. Die Schichten wiederholen. Mit einer Biskuitschicht abschließen.
Das Tiramisù zugedeckt über Nacht gefrieren lassen. Kurz vor dem Servieren aus der Form auf eine Platte stürzen, etwas Löwenzahnkaramell mit einem Pinsel auf das Tiramisù träufeln, mit Rohrzucker bestreuen und mit einer Lötlampe (siehe Küchenpraxis, Seite 148) hell karamellisieren. Mit den Tresterfrüchten servieren.

Löwenzahnblütengelee

Für 12 Gläser à ¼ Liter Inhalt

1½ l Wasser
1 kg Löwenzahnblüten
250 g Puderzucker
40 g Pektinpulver
1,3 kg Rohrzucker
1 TL Sonnenblumenöl
¼ l Zitronensaft
12 Löwenzahnblüten

Das Wasser und die Löwenzahnblüten in einen Topf geben und aufkochen. Durch ein Sieb gießen und die Blüten dabei gut ausdrücken. Die Flüssigkeit auf 1,2 Liter einkochen lassen.
Den Puderzucker mit dem Pektinpulver verrühren und zum Löwenzahnblüten-Aufguss geben. Nochmals aufkochen. Rohrzucker, Sonnenblumenöl und Zitronensaft dazugeben.

Mit der Schere die Blütenblätter von den 12 Löwenzahnblüten schneiden und in die 12 Gläser verteilen. Den heißen Gelee einfüllen, die Gläser sofort verschließen, auf den Kopf stellen und abkühlen lassen. Haltbarkeit: mindestens ein halbes Jahr.

Tresterfrüchte

Je 300 g frische Ananas, Äpfel, Birnen und Blutorangen, unbehandelt
1 kg Zucker
1 l Wasser
Saft von 1 Zitrone
1 Vanilleschote
Puderzucker
1 Flasche Tresterschnaps

je 100 g Trockenfrüchte (Heidelbeeren, Backpflaumen, Datteln, Feigen, Aprikosen)
Walnusskerne

Ananas, Äpfel und Birnen putzen, schälen und in mundgerechte Stücke schneiden. Die Blutorangen waschen und mit Schale in feine Scheiben schneiden.
Für den Zitronensirup Zucker, Wasser, Zitronensaft und Vanilleschote aufkochen und die frischen Früchte nacheinander darin kurz pochieren. Die Früchte mit einem Schaumlöffel herausheben und abtropfen lassen. Den Sirup beseite stellen.
Ein Backblech mit Backpapier auslegen. Die Früchte darauflegen und mit Puderzucker bestäuben. Im Backofen bei 80 Grad etwa 60 Minuten trocknen lassen (die Früchte sollten eine elastische Konsistenz haben).
Den Zitronensirup abkühlen lassen und mit dem Tresterschnaps verrühren. Alle Früchte in ein großes Glas schichten und mit der Trester-Sirup-Mischung begießen. Eine Woche ziehen lassen.

Pappelknospen-Kuchen

100 g Pappelknospen, geschält
¼ l Weißwein

Teig:
250 g Butter
200 g Zucker
50 g Rohrohrzucker
1 Vanilleschote, ausgekratztes Mark
4 Eier
400 g Mehl
1 TL Backpulver
1 Msp. Salz
150 g weiße Kuvertüre, geraspelt

50 g Butter
50 g Mandeln, gemahlen

Die geschälten Pappelknospen in ein gut verschließbares Gefäß geben. Mit dem Weißwein übergießen und 3 Monate im Kühlschrank ziehen lassen.
Für den Teig Butter, Zucker und Vanillemark schaumig rühren. Die Eier dazugeben. Das gesiebte Mehl, Backpulver und Salz daruntermischen. Den Weißwein von den Pappelknospen zusammen mit den fein gehackten Knospen sowie die Kuvertüre dazugeben und sorgfältig verrühren.
Eine Kastenform mit Butter ausstreichen und mit den gemahlenen Mandeln ausstreuen. Die Form zu zwei Dritteln mit dem Teig füllen und im vorgeheizten Backofen bei 170 Grad etwa 50 Minuten backen.

Tipp:
Als Dessert mit einem Zimteis und Tresterfrüchten (Rezept Seite 46) servieren.

Pappelknospen-Sahnelikör

Dieser ungewöhnliche Likör hat ein erstaunliches, an Wintergewürze wie Zimt, Vanille und Nelken erinnerndes Aroma.

Pappelknospenextrakt:
200 g Pappelknospen
½ l Alkohol (96 Vol.-%, aus der Apotheke)

Sahnekaramell:
600 g Rohrzucker
50 ml Wasser
Saft von 1 Zitrone
300 ml Sahne

Die Pappelknospen werden kurz vor dem Einsetzen des Winters geerntet, dabei werden sie aus dem Knospenbett herausgedreht.
Für den Extrakt die Knospen längs halbieren, in ein gut verschließbares Gefäß geben und mit dem Alkohol bedecken. Etwa 4 Wochen ziehen lassen, dabei ab und zu umrühren. Dann den Ansatz in ein mit einem Tuch ausgelegtes Haarsieb geben und gut auspressen.
Für den Sahnekaramell in einer Pfanne den Rohrzucker hellbraun karamellisieren, das Wasser und den Zitronensaft daruntermischen, die flüssige Sahne dazugeben und unter ständigem Rühren aufkochen. Abkühlen lassen.
Den Sahnekaramell mit dem Pappelknospenextrakt verrühren, in eine Flasche füllen und im Kühlschrank aufbewahren.

Tipp:
Passt zu einer Tasse Kaffee, aber auch als Sauce zu Vanilleeis, Crêpes oder Waffeln.

Die noch geschlossenen Pappelknospen, die sich kurz vor Winteranfang zeigen, riechen und schmecken intensiv nach wärmenden Wintergewürzen wie Zimt und Nelken. Ich verwende sie gerne püriert mit gemahlenen Mandeln zum Füllen von Bratäpfeln, aber auch zum Aromatisieren von Likören, Aperitifweinen oder für Zuckersirup zum Einlegen von Nüssen.

Japanischer Knöterich im Knuspermantel mit Veilchensorbet auf Zitrusfrüchtesalat

Da er geschmacklich an Rhabarber mit Rohrzucker erinnert, nenne ich den Japanischen Knöterich auch »Wildrhabarber«. Wegen seines feinen Geschmacks und der schier unendlichen Zubereitungsmöglichkeiten ist er eine meiner Lieblingspflanzen. In der »Vieux Sinzig«-Küche gibt es mindestens zehn verschiedene Rezepte für diese Wildpflanze, vom Chutney bis zum Dessert, von der würzigen Gemüsebeilage bis zum fruchtig-süßen Kuchen.

Mit den tiefblauen, wohlduftenden Veilchenblüten können die verschiedensten Süßspeisen und Liköre fein aromatisiert werden.

Für 4 Personen

8 Stangen Japanischer Knöterich (ca. 2 cm Durchmesser, 6 cm lang), gewaschen

Mandelfüllung:
50 g Butter
50 g Zucker
3 Eigelb
20 g Speisestärke
50 g geriebene Mandeln
1 EL Rum
1 Msp. Salz

Knuspermantel:
4 Blätter Brikteig (aus dem Asienladen; ersatzweise Strudelteig)
20 g Butter, flüssig
20 g Puderzucker
1 TL Mehl, mit etwas Wasser verquirlt

Zitrusfrüchtesalat:
1 Kumquat
1 rosa Grapefruit
1 Orange
1 Mandarine
1 Pomelo
1 Zitrone

Veilchensorbet (siehe Rezept rechts)
12 Hornveilchenblüten

Für die Mandelfüllung die Butter mit dem Zucker schaumig schlagen. Die Eigelbe nach und nach darunterrühren. Speisestärke, Mandeln, Rum und Salz dazugeben und sorgfältig mischen.
Den Japanischen Knöterich so schneiden, dass die Stengel jeweils an einer Seite geschlossen bleiben. Die Mandelfüllung mit einem Spritzbeutel in die Stengel spritzen. Die Brikteigblätter mit flüssiger Butter bestreichen und leicht mit Puderzucker bestäuben. Die Teigblätter mit einem scharfen Messer halbieren. Die gefüllten Knöterichstengel unten auf das Teigblatt legen und den Teig leicht einrollen. Die Enden nach innen unter den Knöterich klappen und den Teig weiter einrollen. Den oberen Rand mit etwas Mehl-Wasser-Mischung bestreichen und festdrücken.
Mit dem restlichen Puderzucker bestäuben und im vorgeheizten Ofen bei 180 Grad etwa 12 Minuten goldgelb backen.
Für den Zitrusfrüchtesalat die Kumquat in feine Schnitze schneiden und die Kerne entfernen. Alle anderen Früchte mit einem scharfen Messer schälen und die bittere weiße Haut entfernen, die Filets aus den Trennhäutchen schneiden.
Die Zitrusfrüchtefilets nach Größe angeordnet in die Tellermitte legen. Den Knöterich im Knuspermantel halbieren und auf den Zitrusfrüchten anrichten. Eine Kugel Veilchensorbet seitlich dazusetzen und mit Waldmeisterblüten oder -blättchen garnieren.

Veilchensorbet

40 g Zucker
1 Msp. Pektinpulver
40 g Veilchenblüten
100 ml Mineralwasser
Saft von ½ Zitrone

Zucker und Pektinpulver mischen und die Veilchenblüten 2 Tage darin einlegen. Mineralwasser und Zitronensaft dazugeben, pürieren und die Masse in der Eismaschine gefrieren lassen.

Waldmeister-Charlotte mit Erdbeeren

Der Klassiker unter den Wildkräutern ist ein wahrer »Meister«. Erst durch Trocknen entfaltet sich das feine, vanilleähnliche Aroma. Vorsicht: Frisch verwendet, kann Waldmeister Kopfschmerzen verursachen.

Für 6 Personen

Waldmeistercreme:
¼ l Milch
30 g getrockneter Waldmeister
5 Eigelb
150 g Zucker
50 g Kürbiskerne, grob gemahlen
4 Blatt Gelatine, eingeweicht
400 ml Sahne, steif geschlagen

Charlotte:
6 feine runde Mürbeteigböden (5 cm Durchmesser)
18 Löffelbiskuits
Veilchenblütensirup (siehe Tipp)

Erdbeersauce und -garnitur:
500 g kleine, möglichst gleich große Erdbeeren
Saft von ½ Zitrone

Für die Waldmeistercreme den Waldmeister in der Milch aufkochen. 20 Minuten ziehen lassen, dann durch ein Haarsieb gießen.
Die Eigelbe mit dem Zucker glatt rühren, bis sich der Zucker aufgelöst hat. Die Waldmeistermilch dazugießen und in einem Topf bei kleiner Hitze unter ständigem Rühren etwa 10 Minuten andicken lassen. Die gemahlenen Kürbiskerne dazugeben. Die eingeweichte Gelatine ausdrücken und in der warmen Creme auflösen. Die steif geschlagene Sahne darunterheben. Einen Metallring um die Mürbeteigböden legen. Die Creme einfüllen und im Kühlschrank fest werden lassen.
In der Zwischenzeit die Erdbeeren putzen. Für die Sauce die Hälfte der Erdbeeren mit etwas Zitronensaft fein pürieren. Die übrigen Erdbeeren in feine Scheiben schneiden.

Die Cremeköpfchen auf Dessertteller platzieren, den Metallring entfernen. Die Löffelbiskuits entsprechend der Höhe der Cremeköpfchen kürzen, mit Veilchensirup beträufeln und mit der Zuckerseite nach außen an die Charlotten stellen. Mit Erdbeerscheiben rosettenförmig umlegen und mit Erdbeersauce umranden.

Tipp:
Für Veilchenblütensirup 100 ml Wasser mit 100 g Zucker und 5 getrockneten Veilchenblüten (auch in der Apotheke erhältlich) aufkochen, durch ein Sieb gießen, abkühlen lassen und den Saft einer halben Zitrone daruntermischen.

Tannenspitzenschaum mit Schokoladeneis

Die jungen, zartgrünen Triebe von Fichten und Tannen verwende ich anstelle von Pinienkernen für Pesto, als Pralinenfüllung oder in einer aromatischen Senfkomposition. Ein delikates Gelee aus den leicht säuerlichen Trieben erinnert geschmacklich an Himbeeren. Die jungen Tannenzapfen kann man zu einem interessanten Sorbet verarbeiten, indem man sie auskocht und den gesüßten Sud dann in der Eismaschine gefrieren lässt.

Für 4 Personen

Tannenspitzenschaum:
100 g Tannenspitzen
100 g Zucker
200 ml Wasser
3 Blatt Gelatine, eingeweicht
¼ l Sahne
Saft von ½ Zitrone

Schokoladeneis:
⅛ l Milch
⅛ l Wasser
25 g Zucker
25 g Glukose
15 g Kakaopulver
100 g Bitterschokolade

3 Blätter Brikteig (aus dem Asienladen; ersatzweise Strudelteig)
20 g Butter, flüssig
20 g Puderzucker

1 Glas Tannenspitzengelee (siehe unten)

Für den Tannenspitzenschaum die Tannenspitzen mit dem Zucker pürieren. Das Wasser aufkochen, vom Herd nehmen und die eingeweichte Gelatine darin auflösen. Das Tannenspitzenpüree, die Sahne und den Zitronensaft darunterrühren. Durch ein Haarsieb streichen, in den Sahnebereiter füllen und mit einer Patrone verschrauben (siehe Küchenpraxis, Seite 148). Die Flasche kräftig schütteln und etwa 4 Stunden kühl stellen.
Für das Schokoladeneis alle Zutaten in einen Topf geben, kurz aufkochen und abkühlen lassen. In der Eismaschine gefrieren.
Die Brikteigblätter in Quadrate von 5 × 5 cm schneiden, mit flüssiger Butter bestreichen und leicht mit Puderzucker bestäuben. Im vorgeheizten Backofen bei 160 Grad etwa 5 Minuten goldbraun karamellisieren.

Vier Dessertteller mit feinen Streifen Tannenspitzengelee verzieren. Pro Teller jeweils drei Brikteig-Plätzchen mit Tannenspitzenschaum dazwischen übereinander schichten. Eine Kugel Schokoladeneis danebensetzen und nach Belieben mit einem Schokoladengitter garnieren.

Tannenspitzengelee

Für 12 Gläser à ¼ Liter Inhalt

1 kg Tannentriebe
1½ l Wasser
80 g zarte Tannenspitzen
100 ml Wasser
150 g Puderzucker
30 g Pektin
125 g Kristallzucker und 250 g Glukose oder 375 g Rohrzucker
200 ml Zitronensaft
48 Tannenspitzen

Die Tannentriebe mit dem Wasser aufkochen und durch ein Sieb gießen. Die zarten Triebspitzen mit 100 ml Wasser mit dem Pürierstab fein pürieren und zu dem Aufguss geben. Den Puderzucker mit dem Pektin verrühren. Den Tannenaufguss aufkochen, die Zucker-Pektin-Mischung einrühren, Zucker und Glukose oder Rohrzucker dazugeben. Kurz vor dem Abfüllen den Zitronensaft unterrühren.
In jedes der Schraubgläser 4 Tannenspitzen geben. Den heißen Gelee einfüllen, die Gläser sofort verschließen, auf den Kopf stellen und abkühlen lassen. Haltbarkeit: mindestens ein halbes Jahr.
Nach dem gleichen Rezept kann man auch ein Thymiangelee zubereiten.

Pimpernelle-Torte

Die Pimpernelle ist eines der klassischen Kräuter in der Frankfurter Grünen Sauce. Sie hat ein leichtes Aroma von jung geernteten Walnüssen und kann auch wie diese verwendet werden: in Desserts, Pesto und Gebäck.

Für 12 Tortenstücke

Mürbeteigboden:
50 g Zucker
50 g Puderzucker
200 g Mehl
100 g Butter
Salz
2 Eigelb
1 EL Milch

Creme:
100 g Pimpernelleblätter
150 g Zucker
6 Blatt Gelatine
⅛ l Milch
400 ml Schlagsahne

Guss:
20 g Pimpernelleblätter
⅛ l Wasser
60 g Zucker
2 Blatt Gelatine

Schokoladenblätter:
12 Pimpernelleblätter
30 g dunkle Kuvertüre

Für den Mürbeteigboden Zucker, Puderzucker, Mehl, Butterstückchen und eine Prise Salz mit den Händen zu feinen Streuseln zerreiben. Mit den Eigelben und der Milch verkneten. Falls nötig noch 1 Teelöffel Milch dazugeben. Den Teig zu einer Kugel formen und 30 Minuten abgedeckt kalt stellen.
Den Teig auf wenig Mehl ausrollen und den mit Backpapier belegten Boden einer Springform damit auslegen. Im vorgeheizten Backofen bei 160 Grad etwa 25 Minuten backen. Abkühlen lassen.

Für die Creme die Pimpernelleblätter blanchieren, abgießen, in kaltem Wasser abschrecken und abtropfen lassen. Mit dem Zucker im Mixer fein pürieren.
Die Gelatine in kaltem Wasser einweichen, ausdrücken und in der Milch bei kleiner Hitze auflösen.
Die Schlagsahne steif schlagen. Das Pimpernellepüree und die aufgelöste Gelatine darunterrühren.
Den Springformrand um den vorgebackenen Mürbeteigboden legen. Die Creme daraufstreichen und etwa 2 Stunden im Kühlschrank fest werden lassen.
Für den Guss die Pimpernelleblätter mit dem Wasser aufkochen. Abgießen und dabei das Kochwasser auffangen. Die Blätter abtropfen lassen und dann mit dem Zucker pürieren. Die Gelatine in kaltem Wasser einweichen, ausdrücken und in 125 ml des Pimpernelle-Kochwassers bei kleiner Hitze auflösen.
15 Minuten abkühlen lassen und dann die Torte damit überziehen. Eine Stunde im Kühlschrank fest werden lassen.
Für die Schokoladenblätter die Kuvertüre im Wasserbad schmelzen. Die Pimpernelleblätter damit von beiden Seiten bepinseln. Auf Klarsichtfolie trocknen lassen. Die Torte mit den Schokoladenblättern verzieren.

Kalte Erdbeersuppe mit Weinbergschnittlauch und Roquefort

Für 8 Personen

1,3 kg Erdbeeren
25 g Butter
1 Zwiebel, in Würfel geschnitten
300 g Knollensellerie, geschält, gewürfelt
1 l Buttermilch
3/4 l Sahne
75 g Roquefort
Meersalz, weißer Pfeffer aus der Mühle

8 dünne Scheiben Roquefort
2 EL Weinbergschnittlauch, in Röllchen geschnitten

Die Erdbeeren putzen. Ein Kilogramm davon im eigenen Saft bei sanfter Hitze zu einem festen Mus einkochen lassen.
Die Butter erhitzen. Zwiebel und Sellerie darin anschwitzen und bei kleiner Hitze zugedeckt garen. Die Buttermilch dazugießen, aufkochen und 5 Minuten köcheln lassen. Vom Herd nehmen. Sahne, Käse, das Erdbeermus und die restlichen, in Stückchen geschnittenen Erdbeeren dazugeben.
Mit Salz und Pfeffer würzen.
Die Suppe in Suppenteller verteilen. Mit je einer Scheibe Roquefort belegen und mit den Schnittlauchröllchen bestreuen.

Brennnesselsamen-Hafer-Kekse

Teig:
100 g Brennnesselsamen
100 g feine Haferflocken
2 Eier
1 TL Sonnenblumenöl
40 g Brennnesselkaramell (siehe unten; ersatzweise Honig oder Rübenkraut)
10 g Zitronen-Oregano-Confit (siehe Seite 109), fein gehackt
1 Prise Meersalz

100 g dunkle Kuvertüre

Für den Teig alle Zutaten verrühren und über Nacht im Kühlschrank ruhen lassen. Von dem Teig kleine Kugeln formen, auf ein mit Backpapier belegtes Blech legen und mit der Gabel plattdrücken. Im vorgeheizten Backofen bei 160 Grad etwa 15 Minuten backen. Abkühlen lassen und mit der geschmolzenen Kuvertüre überziehen.

Brennnesselkaramell

250 g Zucker
100 ml Rotweinessig
1 l Brennnesselbrühe (sehr starker Brennnesseltee oder 500 g Brennnesselblätter, mehrmals in 1 l kochendem Wasser blanchiert)

Den Zucker mit zwei Esslöffeln Wasser in einem weiten Topf hellbraun karamellisieren. Mit dem Essig ablöschen, die Brennnesselbrühe dazugießen und auf etwa 1/4 Liter sirupartig einkochen lassen. Heiß in kleine Gläser füllen.

Tipp:
Zu pikantem Käse servieren.

Der im Winter auf sandigen Böden und in Flussauen wachsende Schnittlauch oder wilde Lauch ist dunkelgrün und besonders würzig. Die kugelig angeordneten rötlichbraunen Zwiebelchen am Stengelende, die auch als Luftzwiebeln bezeichnet werden, schmecken sehr aromatisch, wie kleine Schalotten. Um sie zu konservieren, können die Zwiebelchen in Essig mit Gewürzen und Honig eingelegt werden.

Tannenspitzenschaum mit Schokoladeneis

Die jungen, zartgrünen Triebe von Fichten und Tannen verwende ich anstelle von Pinienkernen für Pesto, als Pralinenfüllung oder in einer aromatischen Senfkomposition. Ein delikates Gelee aus den leicht säuerlichen Trieben erinnert geschmacklich an Himbeeren. Die jungen Tannenzapfen kann man zu einem interessanten Sorbet verarbeiten, indem man sie auskocht und den gesüßten Sud dann in der Eismaschine gefrieren lässt.

Für 4 Personen

Tannenspitzenschaum:
100 g Tannenspitzen
100 g Zucker
200 ml Wasser
3 Blatt Gelatine, eingeweicht
¼ l Sahne
Saft von ½ Zitrone

Schokoladeneis:
⅛ l Milch
⅛ l Wasser
25 g Zucker
25 g Glukose
15 g Kakaopulver
100 g Bitterschokolade

3 Blätter Brikteig (aus dem Asienladen; ersatzweise Strudelteig)
20 g Butter, flüssig
20 g Puderzucker

1 Glas Tannenspitzengelee (siehe unten)

Für den Tannenspitzenschaum die Tannenspitzen mit dem Zucker pürieren. Das Wasser aufkochen, vom Herd nehmen und die eingeweichte Gelatine darin auflösen. Das Tannenspitzenpüree, die Sahne und den Zitronensaft darunterrühren. Durch ein Haarsieb streichen, in den Sahnebereiter füllen und mit einer Patrone verschrauben (siehe Küchenpraxis, Seite 148). Die Flasche kräftig schütteln und etwa 4 Stunden kühl stellen.
Für das Schokoladeneis alle Zutaten in einen Topf geben, kurz aufkochen und abkühlen lassen. In der Eismaschine gefrieren.
Die Brikteigblätter in Quadrate von 5 × 5 cm schneiden, mit flüssiger Butter bestreichen und leicht mit Puderzucker bestäuben. Im vorgeheizten Backofen bei 160 Grad etwa 5 Minuten goldbraun karamellisieren.

Vier Dessertteller mit feinen Streifen Tannenspitzengelee verzieren. Pro Teller jeweils drei Brikteig-Plätzchen mit Tannenspitzenschaum dazwischen übereinander schichten. Eine Kugel Schokoladeneis danebensetzen und nach Belieben mit einem Schokoladengitter garnieren.

Tannenspitzengelee

Für 12 Gläser à ¼ Liter Inhalt

1 kg Tannentriebe
1½ l Wasser
80 g zarte Tannenspitzen
100 ml Wasser
150 g Puderzucker
30 g Pektin
125 g Kristallzucker und 250 g Glukose oder 375 g Rohrzucker
200 ml Zitronensaft
48 Tannenspitzen

Die Tannentriebe mit dem Wasser aufkochen und durch ein Sieb gießen. Die zarten Triebspitzen mit 100 ml Wasser mit dem Pürierstab fein pürieren und zu dem Aufguss geben. Den Puderzucker mit dem Pektin verrühren. Den Tannenaufguss aufkochen, die Zucker-Pektin-Mischung einrühren, Zucker und Glukose oder Rohrzucker dazugeben. Kurz vor dem Abfüllen den Zitronensaft unterrühren.
In jedes der Schraubgläser 4 Tannenspitzen geben. Den heißen Gelee einfüllen, die Gläser sofort verschließen, auf den Kopf stellen und abkühlen lassen. Haltbarkeit: mindestens ein halbes Jahr.
Nach dem gleichen Rezept kann man auch ein Thymiangelee zubereiten.

Sommer

Die leuchtend orangegelben Blütenblätter der Ringelblume dienten früher zum Färben von Lebensmitteln. Die Blütenknosen und die zarten grünen Blätter werden für Salate und Suppen, zum Einlegen in Olivenöl oder für das zauberhafte Ringelblumen-»Popcorn« verwendet.

Die mit dem Olivenbaum verwandte Esche wächst bevorzugt in sonnigen, südlichen Regionen. Der zuckerhaltige Pflanzensaft in den Blättern gibt dem Eschen-Aperitif Frênette (siehe Rezept) sein besonderes Aroma.

Der zu den Salbeiarten gehörende Gamander ist ein klassisches Heilkraut. Das Aroma der harten, leicht bitteren Blätter entfaltet sich am besten in Wein und Tresterschnaps eingelegt.

Sommeraperitifs

Eschenaperitif

250 g Eschenblätter
5 l Wasser
¼ l Zitronensaft
1 kg Zucker
42 g Hefe (1 Würfel)
50 g Löwenzahnwurzel, geröstet und karamellisiert

Die Eschenblätter mit dem Wasser aufkochen. Abkühlen lassen und durch ein Sieb gießen.
Mit Zitronensaft, Zucker, Hefe und Löwenzahnwurzel mischen. 2 Wochen gären lassen.

Salbeigamander-Aperitif

5 l Rotwein (Spätburgunder)
1 l Tresterbranntwein
200 g Salbeigamander, am 21. Mai gepflückt
500 g Kandiszucker

Alle Zutaten in einen Glasballon geben und mischen. 2 Monate ziehen lassen. Dann durch ein Sieb gießen und in Flaschen abfüllen.
Kühl trinken.

Tipps:
Sehr gut auch mit Melonenkugeln.
Nach dem gleichen Rezept kann man im August/September auch einen aromatischen Schafgarben-Aperitif herstellen, indem man statt Salbeigamander die gleiche Menge Schafgarbenblüten nimmt.

Kohlrabiröschen mit Trüffel und Ringelblumen-»Popcorn«

Für 4 Personen

120 g Kohlrabi
1 Sommertrüffel, hühnereigroß (ca. 40 g)
Meersalz, Pfeffer aus der Mühle

Verjus-Vinaigrette:
1 Schalotte, fein gewürfelt
½ TL Salz
25 ml Verjus (leicht vergorener grüner Traubensaft; ersatzweise weißer Balsamicoessig)
25 ml Spätburgunderessig
100 ml Olivenöl

frische Sommerblüten (z.B. von Speisechrysanthemen, Malven oder Taubnessel)
12 Ringelblumen-»Popcorn«-Blüten
(siehe Rezept Seite 58)
4 TL Trüffelöl

Die Kohlrabi schälen, in sehr dünne Scheiben schneiden und kurz in kochendem Salzwasser blanchieren. In kaltem Wasser abschrecken und abtropfen lassen.
Für die Vinaigrette die Schalotte in etwas heißem Olivenöl andünsten und mit Salz würzen. Den Verjus dazugeben und vom Herd nehmen. Essig und Olivenöl daruntermischen. Über die Kohlrabischeiben gießen und gut mischen. Vier gleiche Portionen abwiegen.
Die Kohlrabischeiben schuppenartig zu vier Bahnen von je etwa 20 cm Länge auslegen. Mit je 10 g in dünne Scheiben geschnittenem Trüffel belegen. Vorsichtig aufrollen und senkrecht auf vier Portionstellern anrichten. Mit den frisch gezupften Sommerblüten und den Ringelblumen-»Popcorn«-Blüten umranden. Mit der vom Marinieren übrig gebliebenen Verjus-Vinaigrette und dem Trüffelöl beträufeln und restlichen Trüffel darüberhobeln.

Wie es ihr Name schon sagt, besitzt die Wasserminze einen charakteristischen Minzduft. Die jungen Triebe werden wie die bekannte Pfefferminze verwendet.

Ringelblumen-»Popcorn«

Gewürzsud:
1 l Wasser
1 Bund Thymian
1 Lorbeerblatt
1 Nelke
400 g Meersalz

200 g Ringelblumen-Blütenknospen, kurz vor der Blüte gepflückt
100 ml Sonnenblumenöl

Für den Gewürzsud das Wasser mit Gewürzen und Salz aufkochen. Abkühlen lassen.
Die Ringelblumenknospen in ein hohes Gefäß geben und mit dem Gewürzsud bedecken. Das Gefäß mit einem Teller abdecken, kühl stellen und die Blütenknospen 4 Wochen ziehen lassen.
Die Blütenknospen in ein Sieb gießen.
In eine Schüssel geben, mit 1 Liter kaltem Wasser bedecken und 1 Tag wässern.
Dann die Blütenknospen wiederum in ein Sieb gießen und gut abtropfen lassen.
In ein Gefäß geben, mit dem Sonnenblumenöl bedecken und zugedeckt weitere 4 Wochen ziehen lassen.
Für das Popcorn etwa fünf eingelegte Blüten auf einen Teller legen und für einige Sekunde in die Mikrowelle stellen. Die Blüten platzen auf wie Popcorn!

Tipp:
Als Snack oder als Beilage zu Blütengerichten.

Tafelspitz-Sülze mit Wasserminze

Für 4 Portionen

Sauce:
50 g Wasserminze
30 g Zucker
2 EL Spätburgunder-Weinessig

Tafelspitz-Sülze:
300 ml Rinderfond
1 Blatt Gelatine, eingeweicht
240 g gekochter Tafelspitz (Siedfleisch), in dünne Scheiben geschnitten
40 g Gemüsewürfelchen
4 Wasserminzeblättchen, in Streifen geschnitten

Die Wasserminzeblättchen von den Stengeln zupfen, Blättchen und Stengel getrennt bereitstellen. Für die Sauce die Hälfte der Wasserminzeblättchen kurz blanchieren, abgießen und abtropfen lassen; die andere Hälfte frisch bereithalten.
In einem Topf den Zucker mit 1 Teelöffel Wasser hellbraun karamellisieren. Mit dem Essig ablöschen. Die blanchierte und die frische Wasserminze dazugeben. Mit dem Pürierstab fein cremig pürieren.
Für die Tafelspitz-Sülze den Rinderfond mit den Wasserminzestengeln aufkochen, ziehen lassen und durch ein Sieb gießen.
Die Gelatine ausdrücken und im Rinderfond auflösen. Den Tafelspitz, die Gemüsewürfelchen und die in Streifen geschnittenen Wasserminzeblättchen dazugeben und alles vorsichtig mischen.
In vier Portionsförmchen oder in eine Kastenform schichten und im Kühlschrank fest werden lassen.

Warmes Lammrücken-Carpaccio mit Calaminthafond und Pesto-Croûtons

Für 4 Personen

Bärlauchpesto:
2 EL Haselnusskerne, gemahlen
50 g Bärlauch, klein geschnitten
2 EL geriebener Parmesan
25 ml Olivenöl
Meersalz, Pfeffer aus der Mühle

Croûtons:
12 Scheiben Baguette

Lammrücken-Carpaccio:
200 g Lammrückenfilet
½ l Lamm-Consommé (klare Suppe; siehe rechts)
2 EL Calaminthablätter
Meersalz, Pfeffer aus der Mühle

Für den Bärlauchpesto die Haselnusskerne 5 Minuten trocken rösten, mit einem Küchenhandtuch die feine Haut abrubbeln. Die Haselnüsse mit Bärlauch, Parmesan und Salz im Mörser zu einer Paste pürieren. Nach und nach das Olivenöl hinzufügen, bis der Pesto eine dickflüssige Konsistenz hat. Mit Salz und Pfeffer abschmecken.
Für die Croûtons die Baguettescheiben im Backofen bei 80 Grad 90 Minuten rösten.
Für das Lammrücken-Carpaccio das Lammfleisch in dünne Scheiben schneiden. Zwischen zwei Blättern Frischhaltefolie sehr dünn klopfen.
Den Lammfond aufkochen. Die Calaminthablätter in eine Teekanne geben und mit dem Lammfond überbrühen. Auf einem Stövchen (Rechaud) 5 Minuten ziehen lassen. In der Zwischenzeit die Croûtons mit dem Pesto bestreichen. Die Lammfleischscheiben auf vier Tellern anrichten. Mit Salz und Pfeffer würzen.
Das Lamm-Carpaccio wird am Tisch mit dem heißen »Calamintha-Tee« übergossen. Dazu werden die Pesto-Croûtons gereicht.

Lamm-Consommé

2 kg Lammknochen
je 100 g Sellerie, Karotten, Zwiebeln und Lauch
2 l Gemüsebrühe
50 ml Rotwein
1 Bouquet garni
2 Gewürznelken
5 Wacholderbeeren
Meersalz

Zum Klären:
100 g Putenbrust (Truthahn), durch die feine Scheibe des Fleischwolfs gedreht
je 20 g fein gehackte Schalotte, Karotte, Sellerie und Lauchgrün
2 Eiweiß

Die Lammknochen zerkleinern, die Gemüse putzen und klein würfeln. Beides zusammen bei kleiner Hitze etwa 1 bis 1½ Stunden andünsten. Etwas abkühlen lassen, dann mit Gemüsebrühe und Rotwein aufgießen. Kräuter, Gewürznelken und Wacholderbeeren dazugeben. 3 Stunden bei kleiner Hitze ziehen lassen (nicht kochen, da sonst Aroma verloren geht). Vom Herd nehmen und nochmals ½ Stunde ruhen lassen. Durch ein Sieb gießen. Mit Meersalz abschmecken.
Zum Klären Putenbrust, Gemüse und Eiweiß verrühren und zur Consommé geben. Die Consommé erwärmen (nicht kochen lassen!) und bei kleiner Hitze (ca. 80 Grad) etwa 45 Minuten ziehen lassen. Durch ein mit einem feuchten groben Tuch ausgelegtes Sieb gießen.

Das intensive, volle Minzaroma der Bergminze (Calamintha) stellt alle anderen Minzarten weit in den Schatten.

Auberginen-Nudel-Röllchen mit Klatschmohnpesto

Neben der zarten Blüte des Klatschmohns schätze ich im Sommer vor allem das feine Haselnussaroma der jungen, hellen Samen. Das im Winter geerntete zarte grüne Kraut ist eine delikate Salatzutat.

Für 4 Personen

2 Auberginen, rundum leicht eingeritzt, längs halbiert

Auberginenröllchen:
1 Aubergine, längs in 16 Scheiben geschnitten, 2 mm dick, die Randscheiben gewürfelt
50 ml Olivenöl
Salz, Pfeffer aus der Mühle

Füllung:
40 g Parmesan, gerieben
50 g Quark
1 Eigelb
2 EL Olivenöl
20 g gewürfelte Aubergine (aus den Randscheiben)
1 Knoblauchzehe, gepresst

100 g frische feine Nudeln, al dente gekocht

2 Tomaten, gehäutet, entkernt, klein gewürfelt
Klatschmohnpesto (siehe rechts)

Die halbierten Auberginen und die Auberginenscheiben etwa 1 Stunde vor der Zubereitung mit Salz bestreuen und ziehen lassen. Mit Küchenpapier trockentupfen. So nehmen die Auberginen nicht so viel Öl auf und werden knuspriger.
4 der 16 Scheiben von beiden Seiten leicht mit Olivenöl bestreichen und auf einem mit Backpapier belegten Blech bei 80 Grad mit Heißluft etwa 1 Stunde kross trocknen.
Die 12 verbleibenden Scheiben im heißen Olivenöl nacheinander braten. Ebenso die Auberginenwürfel kurz anbraten.
Für die Füllung alle Zutaten glatt rühren. Die Nudeln darunterheben. Abschmecken.
Jeweils 3 Auberginenscheiben schuppenartig zu vier Rechtecken übereinander legen. Die Füllung darauf verteilen und die Auberginenscheiben einrollen. Mit den Tomatenwürfeln dicht aneinander in eine Kasserolle legen und im Backofen bei 180 Grad etwa 15 Minuten garen.
Gleichzeitig die 4 Auberginenhälften mit Olivenöl bestreichen und im Backofen 20–25 Minuten garen.
Alles zusammen mit dem Klatschmohnpesto anrichten.

Klatschmohnpesto

100 g frische Mohnsamen, aus der Kapsel gekratzt
1 großes Bund frischer Basilikum, Blätter abgezupft (20 g)
3 Knoblauchzehen
50 g Parmesan
50 ml Olivenöl
Meersalz, Pfeffer aus der Mühle

Alle Zutaten im Mixer fein pürieren, dabei das Olivenöl nach und nach dazugießen. Mit Meersalz und Pfeffer abschmecken.

Der Gänsefuß (wilde Melde) könnte auch als »Power-Spinat« bezeichnet werden. Die Blattoberfläche ist grün, die Unterseite weißlich mit typisch sandig-körnigem Belag.

Das Stiefmütterchen hat einen besonders nachhaltigen charakteristischen Geschmack. Die typischen Blüten, die zarten, grünen Blätter und die Blütenknospen machen sich sehr gut im Salat. Kandiert eignen sich die Blüten für alles Süße und zum Dekorieren.

Profiteroles mit Gänsefuß

Für 4 Personen

Brandteig:
¼ l Wasser
125 g Butter
1 Prise Salz
125 g Mehl
4 Eier
100 g geriebener Käse (Gruyère)
1 Eigelb zum Bestreichen

Füllung:
25 g Butter
25 g Mehl
200 ml Milch
500 g Gänsefußblätter

100 g geriebener Käse

Für den Brandteig das Wasser mit Butter und Salz aufkochen. Den Topf vom Herd nehmen. Das Mehl hineinsieben und wiederum über starker Hitze mit einem Holzlöffel so lange rühren, bis sich der Teig als Kloß vom Topfboden löst. Den Topf vom Herd nehmen. Nach und nach die Eier einzeln unter den Teig rühren. Dann den geriebenen Käse daruntermischen. Teighäufchen auf ein mit Backtrennpapier belegtes Blech spritzen. Mit Eigelb bepinseln. 20 Minuten im auf 200 Grad vorgeheizten Backofen goldbraun backen.
Für die Füllung die Butter schmelzen. Das Mehl darin hell anschwitzen. Die Milch aufkochen und unter Rühren zu der Mehlschwitze gießen, aufkochen und 10 bis 15 Minuten zu einer dicken Sauce kochen. Die Gänsefußblätter über Dampf garen und unter die Sauce rühren.
Von jedem Profiterole einen Deckel abschneiden, mit einem Teelöffel etwas Füllung hineingeben und den Deckel aufsetzen. Die Profiteroles zurück auf das Backblech setzen. Mit Käse bestreuen und kurz überbacken.

»Blumen«-Blumenkohl

Für 4 Personen

1 rote Zwiebel
1 weiße Zwiebel
1 Schalotte
80 g Paprika, rot, gelb und grün, entkernt
120 g Champignons
80 g frische Ananas
600 g Blumenkohlröschen
40 ml Sonnenblumenöl
30 g Blüten (z.B. von Schnittlauch, Stiefmütterchen, Ringelblumen, Begonien, Kapuzinerkresse, Kamille, Tagetes, Salbei)
120 ml Gemüsebrühe
1 TL Maisstärke
30 g Blüten in Salzlake (z.B. von Ringelblumen, Gänseblümchen, Glockenblumen, Mohn, Margeriten, Speisechrysanthemen; siehe Tipp)
Pfeffer aus der Mühle
1 TL Sojasauce

Zwiebel, Schalotte und Paprika fein würfeln. Champignons in feine Scheiben, Ananas in Würfel schneiden. Die Blumenkohlröschen kurz blanchieren, abtropfen lassen. Das Sonnenblumenöl erhitzen. Zwiebel, Schalotte und Paprika darin kurz andünsten. Champignons und Ananas dazugeben und unter Rühren mitdünsten. Die frischen Blüten und die Blumenkohlröschen daruntermischen. Die Gemüsebrühe mit der Maisstärke verquirlen und zum Gemüse geben. Die in Salzlake eingelegten Blüten dazugeben und mit Pfeffer und Sojasauce würzen. Die Blumenkohlröschen in vier Schalen oder tiefe Teller geben. Die übrigen Zutaten darüber verteilen. Dazu Basmatireis servieren.

Tipp:
Für die Salzlake 400 g Meersalz in 1 Liter Wasser auflösen. Die frischen Blüten in der abgekühlten Lake 1 Woche ziehen lassen.

Glockenblumenblüten mit Pfifferlingen gefüllt

Für 4 Personen

Lachsmousse:
50 g Pfifferlinge, klein gewürfelt
10 g Butter
75 g Lachsfilet, küchenfertig
1 Eiweiß
125 g Crème fraîche

12 kleine ganze Pfifferlinge
10 g Butter
12 Glockenblumen zum Füllen

Wiesenschaumkrautsauce:
1 EL Wiesenschaumkraut-Senf (siehe Rezept Seite 32)
2 EL Wasser
1 EL Olivenöl

Salat:
200 g Pfifferlinge, geputzt
1 EL Olivenöl
1 EL Weinessig
20 g zartes Glockenblumenkraut, fein gehackt
Meersalz, Pfeffer aus der Mühle

4 kleine Glockenblumen zum Garnieren

Für die Mousse die gewürfelten Pfifferlinge in der Butter kurz braten, abkühlen lassen. Das Lachsfilet fein pürieren. Eiweiß und Crème fraîche dazugeben und im Mixer dickflüssig aufschlagen. Die Pfifferlinge unterheben. Mit Salz und Pfeffer abschmecken. Die ganzen Pfifferlinge ebenfalls in Butter braten und bereithalten. Die Mousse mit einem Spritzbeutel in die Glockenblumenblüten füllen. Jede Blüte mit einem Pfifferling verschließen.

Die gefüllten Glockenblumenblüten im Siebeinsatz über aufsteigendem Dampf bei kleiner Hitze 8 Minuten garen, bis sie sich auf Fingerdruck elastisch anfühlen.
Für die Sauce alle Zutaten verrühren. Mit Salz und Pfeffer abschmecken.
Für den Salat die Pfifferlinge putzen und im heißen Olivenöl dünsten. Mit dem Weinessig ablöschen und mit Salz und Pfeffer würzen. Das fein gehackte Glockenblumenkraut daruntermischen.
Die gefüllten Blüten können lauwarm oder kalt serviert werden. Auf vier Teller mit der Senfsauce je drei Streifen streichen und je drei Blüten darauf anrichten. Mit einer kleinen Glockenblumenblüte und dem Salat garnieren.

Die Marienglockenblume, Campanula medium, eignet sich aufgrund ihrer Größe sehr gut zum Füllen.

St-Pierre-Fischfilet mit Vogelmieren-Polenta und Vogelbeerensauce

Der Geschmack der orangeroten Vogelbeeren erinnert an Grapefruit. Gekocht können die Beeren wie Preiselbeerkompott serviert werden, getrocknet sind sie eine wohlschmeckende Alternative zu Rosinen.

Tipp: Die Früchte der bei uns allerdings seltener vorkommenden Mährischen Eberesche (Sorbus aucuparia moravica) sind fast völlig frei von Bitterstoffen und ergeben daher ein besonders delikates Gelee.

Für 4 Personen

4 Portionen St-Pierre-Filets (à 150 g), gehäutet
(pro Portion je 1 Stück à 25 g, 50 g und 75 g)
1 Eiweiß, leicht verquirlt
2 EL Olivenöl

Kohlrabigemüse:
1 Kohlrabi mit Blättern
1 Prise Natron
20 g Butter
1 Zweig Thymian, Blättchen abgezupft
1 TL Zucker

Vogelmieren-»Spinat«:
125 g Vogelmiere
1 TL Zucker
Meersalz, Pfeffer aus der Mühle

Vogelmieren-Polenta:
¼ l Vogelmierenbrühe (vom Blanchieren der Vogelmiere)
40 g Maisgrieß
50 g Butter
50 g geriebener Parmesan
50 g Vogelmiere, ungekocht gehackt
Meersalz, Pfeffer
1 EL Olivenöl

Vogelbeerensauce:
4 EL Vogelbeeren
½ Zitrone, Saft
1 EL Zucker (20 g)
80 g Butter
Meersalz

Für das Kohlrabigemüse vier Kohlrabiblätter von der Knolle schneiden, den Stiel entfernen. Die Blätter kurz in heißem, mit einer Prise Natron vermischtem Salzwasser blanchieren. Trocken tupfen und beiseite legen. Die Knolle schälen und in 20 Stifte schneiden. Diese blanchieren und anschließend in der heißen Butter mit den Tymianblättchen und etwas Zucker schwenken. Warm stellen.
Für den Vogelmieren-»Spinat« die Vogelmiere kurz in ¼ l kochendem Wasser blanchieren. Das Blanchierwasser für die Polenta beiseite stellen. Den »Spinat« mit Salz, Pfeffer und Zucker abschmecken. Warm stellen.
Für die Polenta die beiseite gestellte Vogelmierenbrühe mit dem Maisgrieß aufkochen. 20 Minuten quellen lassen. Butter, geriebenen Parmesan und gehackte Vogelmiere daruntermischen. Mit Salz und Pfeffer würzen. Auf ein Stück Klarsichtfolie (20 × 20 cm) 1 cm dick ausstreichen und abkühlen lassen. Kurz vor dem Servieren in 5 × 5 cm große Quadrate schneiden und in heißem Olivenöl braten.
Die vier mittelgroßen St-Pierre-Filets mit leicht verquirltem Eiweiß bestreichen und mit je einem blanchierten Kohlrabiblatt belegen. Etwa 10 Minuten vor dem Anrichten alle zwölf Fischfilets in einer beschichteten Pfanne in heißem Olivenöl auf einer Seite knusprig braten (nicht wenden), dabei mit Backpapier abdecken.
Für die Vogelbeeren-Buttersauce die Vogelbeeren mit zwei Esslöffeln Wasser, dem Zitronensaft und dem Zucker aufkochen. 20 Beeren herausnehmen und zum Garnieren beiseite stellen. Die Sauce pürieren und mit Butterstückchen aufschlagen. Mit Salz abschmecken.
Auf vier vorgewärmte Teller je ein Stück Polenta geben. Den Vogelmieren-»Spinat« als Streifen daneben anrichten. Je drei Fischfilets auf die Polenta schichten, mit dem größten beginnend, dann darauf das mittelgroße mit dem Kohlrabiblatt und das kleinste zuoberst. Je fünf Kohlrabistifte um die Polenta verteilen, mit der Vogelbeeren-Buttersauce umranden und mit den Vogelbeeren garnieren.

Rindertatar mit Johanniskrautöl und Walnusstapenade

Die Blüten des Johanniskrauts werden, mit Öl bedeckt, an einen sonnigen Platz gestellt. Das so entstehende purpurfarbene Öl ergibt dekorative Farbtupfer auf einem schön angerichteten Teller.

Die Walnuss ist ein alter Kulturbaum. Die aus grünen, das heißt unreifen Walnüssen hergestellte Walnuss-Tapenade ist bei unseren Gästen ein beliebter »Klassiker«.

Für 4 Personen

Johanniskrautöl:
100 g Johanniskrautblüten
200 ml Olivenöl

Tatarsauce:
1 TL Japanischer Knöterich in Essig (oder Kapern)
1 Eigelb
1 EL Wiesenschaumkraut-Senf (siehe Rezept Seite 32)
1 TL Essig
2 EL Johanniskrautöl

Tatar:
320 g Rinderfilet
1 Schalotte, klein geschnitten
2 EL frische gehackte Kräuter (z.B. Schnittlauch, Geißfuß, Dost)
1 TL Meersalz
1 Msp. frisch gemahlener Pfeffer
4 EL Walnusstapenade (siehe Seite 92)

Kartoffelrösti:
200 g festkochende Kartoffeln
Salz, Pfeffer aus der Mühle, Muskat
4 EL Öl

zarte Kräuter wie Vogelmiere, Giersch, Taubnessel, Labkraut, Schafgarbe
4 EL Meerrettichsauce mit Sahne
1 TL Johanniskrautöl

Für das Johanniskrautöl die Blüten in ein Glas geben, mit dem Olivenöl bedecken und verschließen. An einem sonnigen Platz (Fensterbank) 4 Wochen ziehen lassen. Das Glas einmal in der Woche drehen. Das dunkelrote Öl durch ein Sieb gießen, die Blüten gut ausdrücken, das Öl in eine Flasche füllen und im Kühlschrank aufbewahren.

Für die Tatarsauce den Japanischen Knöterich fein würfeln. Alle Zutaten bis auf das Öl mischen. Das Öl in einem feinen Strahl nach und nach darunterrühren.
Für das Tatar das Rinderfilet in feine Würfel schneiden. Mit der Sauce, Schalotte, Kräutern, Salz und Pfeffer mischen. Das Tatar in vier Portionierringe füllen und glatt streichen. Mit einer dünnen Schicht Walnusstapenade bestreichen.
Für die Kartoffelrösti die Kartoffeln schälen und grob raspeln. So lange in kaltem Wasser stehen lassen, bis sich die Kartoffelstärke abgesetzt hat. Das Wasser durch ein Sieb abschütten und die abgesetzte Stärke zurückbehalten. Die Kartoffeln gut ausdrücken. Die Kartoffelstärke daruntermischen. Mit Salz, Pfeffer und Muskat würzen. Jeweils etwas Öl in einer Pfanne erhitzen und nacheinander vier kleine Rösti backen. Auf Küchenpapier abtropfen lassen.
Unmittelbar vor dem Servieren das Tatar auf die warmen Kartoffelrösti setzen. Die Portionierringe entfernen. Mit den frischen Kräutern, Meerrettichsauce und Johanniskrautöl garnieren.

Tipps:
Das Johanniskrautöl am Johannistag, dem 24. Juni, zubereiten.
Die Zutaten für die Tartarsauce müssen vor der Verarbeitung unbedingt Zimmertemperatur haben.

Artischockentorte mit Kohldistel und Distelblüten

Die Kohldistel mit ihrem feinen Artischockenaroma ist sozusagen eine »gezähmte«, da stachellose Distel – deshalb können ihre Stengel und vor allem ihre Blätter gegessen werden.

Für 8 Personen

4 Artischocken
Saft von ½ Zitrone

Kohldistelfüllung:
200 g Kohldisteln
1 Msp. Natron
1 Lauchzwiebel, fein gehackt
1 EL Sojasauce
1 EL Weinessig
1 EL Honig
1 TL Sesam, geröstet
1 TL Distelöl

Artischockenmousse:
2 Artischockenböden (200 g), püriert
2 EL Distelöl
1 EL Weinessig
1 TL Honig
2 g Agar-Agar
100 ml Sahne, steif geschlagen
Pfeffer aus der Mühle, Meersalz

Kohldistelgelee:
200 ml Kohldistelbrühe (Blanchierwasser)
50 ml Weißwein
1 Schalotte, klein geschnitten
1 Knoblauchzehe, fein gehackt
2 g Agar-Agar
Meersalz

8 Scheiben Toastbrot
4 EL Distelöl
16 Distelblüten

Die Artischocken mit kaltem Wasser sorgfältig spülen. Die Stiele abbrechen und die Blätter eines nach dem anderen entfernen. Die mittleren, kleinen Artischockenblätter ausreißen und das Heu mit einem Löffel herauskratzen. In einer Schüssel Wasser und Zitronensaft mischen und die Artischockenböden sofort hineinlegen. Die Artischockenböden im Siebeinsatz über Dampf je nach Dicke 10–20 Minuten garen. Beiseite stellen.
Für die Füllung die Kohldisteln in kochendem Wasser unter Zugabe von Natron kurz blanchieren, abtropfen lassen und hacken. Das Blanchierwasser beiseite stellen. Die Kohldisteln zusammen mit allen anderen Zutaten zur Füllung mischen.
Für die Artischockenmousse die pürierten Artischockenböden in einem Topf mit Distelöl, Essig, Honig und Agar-Agar mischen und 2 Minuten kochen. Etwas abkühlen lassen und dann die steif geschlagene Sahne unterheben. Mit Salz und Pfeffer abschmecken.
Für das Kohldistelgelee die beiseite gestellte Kohldistelbrühe zusammen mit Weißwein, Schalotte und Knoblauch aufkochen, durch ein Sieb in einen Topf gießen und abkühlen lassen. Das Agar-Agar daruntermischen und nochmals 2 Minuten kochen, dann abkühlen lassen.
Die Toastbrotscheiben diagonal halbieren und an den äußeren Ecken so abrunden, dass sie genau in die Springform von 24 cm Durchmesser passen. Die Toastbrotscheiben im heißen Distelöl goldbraun braten.
Den Boden der Springform mit den Toastbrotscheiben auslegen, die Kohldistelfüllung darauf verteilen und fest andrücken. Die Artischockenmousse darübergeben und fest werden lassen. Die zwei beiseite gestellten gegarten Artischockenböden in Scheiben schneiden und die Mousseschicht damit belegen. Das Kohldistelgelee darüber verteilen und mit den Distelbüten bestreuen.
Die Torte über Nacht im Kühlschrank fest werden lassen.
Mit Hagebuttensauce (Rezept Seite 120) servieren.

Sinziger Caponata

Inspiriert von der sizilianischen Caponata.

Für 6 Personen

1 Aubergine, gewürfelt
je ½ rote, grüne und gelbe Paprika, in 1 x 1 cm große Würfel geschnitten
½ l Olivenöl zum Frittieren
10 g Liebstöckel
50 g Stiele vom Ackersenf, gewürfelt
1 kleine Gemüsezwiebel, gewürfelt
50 g Bärenklaustiele
100 g entsteinte »rote Oliven« (siehe Seite 71) oder schwarze Oliven
40 g geröstete Haselnüsse
40 g Kürbiskerne
40 g Japanischer Knöterich, in Essig eingelegt, oder Kapern
40 g Vogelbeeren, getrocknet, oder Rosinen
25 g Zucker
100 ml weißer Balsamicoessig
150 ml Hagebuttensauce (siehe Rezept Seite 120)
Meersalz, Pfeffer aus der Mühle

Die Auberginen- und Paprikawürfel frittieren und auf Küchenpapier abtropfen lassen. Den Liebstöckel und den Ackersenf kurz blanchieren. In einem Sieb abtropfen lassen und zum Trocknen auf Küchenpapier legen. Etwas Olivenöl in einer großen Pfanne erhitzen. Die Zwiebelwürfel darin glasig dünsten. Liebstöckel, Bärenklau, Ackersenf und die »roten Oliven« dazugeben und kurz mitdünsten. Haselnüsse, Kürbiskerne, Japanischen Knöterich und Vogelbeeren daruntermischen und etwas anschwitzen. Den Zucker beifügen und leicht karamellisieren lassen. Mit dem Balsamicoessig ablöschen und kurz köcheln.

Die frittierten Auberginen- und Paprikawürfel darunterheben und die Hagebuttensauce dazugeben. Mit Meersalz und Pfeffer würzen. Kurz einkochen lassen.

Tipps:
Einen Tag im Kühlschrank durchziehen lassen.
Die Caponata lässt sich sehr gut in einer größeren Menge zubereiten und in Einmachgläsern konservieren.
In Sizilien reicht man sie als Vorspeise, zu Schinken oder als Beilage zu Gegrilltem.

Herzhafte Mini-Muffins mit »roten Oliven« und Knöterich

250 g Mehl
10 g Backpulver
4 Eier
100 ml Olivenöl (von den »roten Oliven«)
¼ l Holunderblütenwein (Rezept Seite 8)
100 g Knöterich, in Olivenöl eingelegt
100 g entsteinte »rote Oliven« (siehe unten) oder Oliven
200 g Räucherschinken, in Würfelchen geschnitten
150 g Comté oder Bergkäse, fein gerieben

50 Papier-Backförmchen von 1½ cm Durchmesser

Das Mehl mit dem Backpulver und den Eiern zu einem glatten Teig verrühren.
Das Öl und den Holunderblütenwein dazugeben. Den Knöterich, die roten »Oliven«, den Räucherschinken und den Comté daruntermischen.
Die Teigmasse in die Papierförmchen füllen und bei 200 Grad 6 Minuten backen.

»Rote Oliven«

1 kg Kornelkirschen

Gewürzsud:
1 l Wasser
1 Bund Thymian
1 Lorbeerblatt
1 Nelke
400 g Meersalz

1 Peperoni (Peperoncini), entkernt, geviertelt
4 Knoblauchzehen, geschält, klein geschnitten
20 g Mauerpfeffer
¼ l Olivenöl

Für den Gewürzsud das Wasser mit den Kräutern, Gewürzen und dem Salz aufkochen. Abkühlen lassen.

Die Kornelkirschen in ein hohes Gefäß geben und mit dem Gewürzsud bedecken. Das Gefäß mit einem Teller abdecken und die Kornelkirschen mindestens 3 Monate ziehen lassen.
Die Kornelkirschen in ein Sieb gießen, gut abtropfen und einen Tag trocknen lassen.
Die Kornelkirschen mit Chili, Knoblauch und Mauerpfeffer in Gläser mit Schraubverschluss verteilen, mit dem Öl bedecken und im Kühlschrank aufbewahren.

Tipp:
Nach dem gleichen Rezept verwende ich im Winter Schlehenfrüchte anstelle der Kornelkirschen.

»Eifel-Oliven«

1 l Wasser
1 Bund Thymian
1 Lorbeerblatt
1 Nelke
400 g Meersalz
500 g Schlehen

Das Wasser mit den Kräutern, Gewürzen und dem Salz aufkochen. Abkühlen lassen.
Die Schlehen in ein hohes Gefäß geben und mit dem Gewürzsud bedecken. Das Gefäß mit einem Teller abdecken. Die Schlehen mindestens 5 Monate ziehen lassen.

Tipp:
Die »Eifel-Oliven« lassen sich wie herkömmliche Oliven vielseitig verwenden: auf Pizza, im Salat und als Snack zum Aperitif. Besonders lecker sind sie kurz blanchiert, mit Tomaten und gedünsteten Zwiebeln in einer herzhaften Sauce zu Wild. Lassen Sie Ihrer kulinarischen Fantasie freien Lauf.

Die Kornelkirsche bezeichne ich wegen ihrer Form und Farbe auch als »rote Olive«, und wie Oliven können die Früchte auch eingelegt werden. Doch auch in Süßspeisen kommen sie gut zur Geltung.

Sushi mit Malven und Hummer

Die dekorativen und wohlschmeckenden Malvenblüten eignen sich gut zum Garnieren von Speisen und zum Füllen. Aus den Blättern wird Salat oder Gemüse zubereitet. Die Früchte schmecken wie junge Haselnüsse und werden zu »Kapern« weiterverarbeitet.

Für 4 Personen

200 g fertiger Sushireis
20 g Hummerfleisch, in Stückchen zerteilt (ersatzweise Garnelen oder geschälte Nordseekrabben)
16 Malvenblüten, 4 Blüten als Garnitur beiseite legen

Senfblütendip:
3 EL Senfblüten
1 TL Senf
2 EL Öl
1 Prise Meersalz
1 TL Honig

1 Sushi-Bambusmatte
1 Schale Essigwasser

Für die Zubereitung der Sushi die Bambusmatte auf der Arbeitsplatte ausrollen.
Mit Frischhaltefolie abdecken. Den Reis etwa 1 cm dick darauf ausstreichen und mit in Essigwasser angefeuchteten Fingerspitzen gleichmäßig andrücken.
Die Hummerstücke und die Malvenblüten längs in der Mitte auf dem Reis verteilen. Mit Hilfe der Matte zu einer Rolle formen (Vorsicht, die Frischhaltefolie nicht mit einrollen). Die Sushirolle noch einmal festdrücken, dann die Matte samt Frischhaltefolie entfernen. Ein scharfes Messer mit Essigwasser anfeuchten und die Rolle auf einem Schneidbrett in acht Portionen schneiden.
Die Reisaußenseite mit den restlichen Malvenblüten bestreuen.
Für den Dip alle Zutaten fein pürieren und zu den Sushi servieren.

Tipp:
Anstelle von Malven- können auch andere essbare Blüten verwendet werden.
Die Sushi können auch in Kugelform (Nigiri) serviert werden.

Sushireis

Ergibt ca. 700 g

250 g Kleb- oder Rundkornreis
1 kleines Stück Mistelzweig (ca. 10 cm)
3/8 l kaltes Wasser
4–5 EL Vin Jaune oder trockener Sherry

Würzmischung:
2 EL Hagebuttenessig (ersatzweise Sherry- oder Madeiraessig)
1 TL Zucker
1 EL Vin Jaune oder Sherry
½ TL Salz
1 TL Sojasauce

Den Reis mehrmals in frischem Wasser waschen, bis das Wasser klar abläuft. Gut abtropfen lassen und etwa 12 Minuten quellen lassen, dabei mehrmals durchrühren.
Inzwischen den Mistelzweig in einen Topf legen, mit etwas Wasser bedecken und 5 Minuten ziehen lassen. Das restliche Wasser, den Vin Jaune und den Reis dazugeben. Alles zugedeckt bei großer Hitze 2 Minuten aufkochen, dann 5 Minuten bei mittlerer Hitze weiterkochen und schließlich noch 15 Minuten ziehen lassen. Den Mistelzweig entfernen.
Die Zutaten zur Würzmischung gut verrühren, bis sich der Zucker und das Salz aufgelöst haben. Den Reis in eine Schüssel geben, die Würzmischung darüber verteilen und gut durchrühren. Den Reis immer wieder umschichten, bis er abgekühlt ist. Den Reis mit einem feuchten Tuch abdecken, damit er nicht austrocknet.

Vorspeisenteller »Blütenvariation«: Sushi mit Malven und Hummer, Tagetes-Kim-Chi und Kapuzinerblüte mit Lachsmousse (Rezepte Seite 74). ›

Aus den pikanten grünen Blättern der Kapuzinerkresse werden im Backofen knusprige Gemüsechips. Die leuchtenden Blüten eignen sich gut zum Füllen mit einer Fisch- oder Geflügelfarce. Und die eingelegten Blütenknospen sind eine würzige Alternative zu Kapern.

Tagetes-Kim-Chi

Für 4 Personen

12 Blütenknopsen von Orangentagetes
mit 1 cm langem Stielansatz
100 ml Salzlake (100 ml Wasser mit 40 g Salz aufgekocht)
50 g weißer Rettich, gerieben
1 Knoblauchzehe, gepresst
1 TL scharfes Paprikapulver
1 TL Zitronensaft
Saft von 1 Orange

Die Tagetesblütenknospen 2 Tage in der Salzlake einlegen.
Für die Füllung den geriebenen Rettich mit Knoblauch, Paprika, Zitronen- und Orangensaft verrühren. In jede Tageteskospe eine walnussgroße Menge Füllung drücken. Die gefüllten Blütenknospen in ein Glas mit Schraubverschluss schichten, übrig gebliebene Füllung zwischen die Knospen verteilen. Mit dem von der Füllung zurückgebliebenen Saft bedecken und etwa 2 Wochen im Kühlschrank ziehen lassen.

Übrigens:
Das originale Kim Chi ist ein koreanisches Nationalgericht, das bei keiner Mahlzeit fehlen darf. Dazu wird Chinakohl in Tontöpfen mit scharfen Zutaten eingelegt und – wie unser Sauerkraut – milchsauer vergoren.

Kapuzinerkresseblüten mit Lachsmousse

Für 4 Portionen

4 Kapuzinerkresseblüten
24 kleine grüne Kapuzinerkresseblätter, kurz blanchiert
etwas Butter für die Förmchen

Lachsmousse:
150 g Lachsfilet, küchenfertig
1 Eiweiß
150 g Crème fraîche
Salz, Pfeffer

Für die Mousse das Lachsfilet fein pürieren. Eiweiß, Crème fraîche, Salz und Pfeffer dazugeben und gut mischen.
Vier Timbaleförmchen ausbuttern. Die Kapuzinerkresseblüten mit der Öffnung nach unten in die Förmchen legen.
Den Rand der Förmchen schuppenartig mit den blanchierten Blättern auslegen. Die Lachsmousse über die Blüten verteilen. Im Backofen bei 120 Grad im Wasserbad 25 Minuten garen.
Die Mousse abkühlen lassen und vorsichtig aus den Förmchen auf die Portionsteller stürzen.

Rainfarn-Langustinen mit Gierschmousseline

Für 4 Personen

24 Wildlauchblätter
24 Langustinen
24 kleine Rainfarnblätter
Meersalz, Pfeffer aus der Mühle

Gierschmousseline:
80 g Giersch
80 g Hähnchenbrust
100 ml Sahne
2 Eiweiß
50 g Butter

12 kleine Gierschblätter
1 EL Olivenöl
frischer Rainfarn

Die Wildlauchblätter blanchieren, abschrecken und abkühlen lassen.
Von den Langustinen die Köpfe abtrennen. Die Panzerringe nach innen knacken und bis auf den letzten Ring entfernen. Den letzten Ring, an dem der Schwanz hängt, dranlassen. Mit einer Messerspitze am Rücken einschneiden und den Darm entfernen. Salzen und pfeffern. In die Rainfarnblätter einrollen und mit den Wildlauchblättern spiralförmig umwickeln.
Für die Gierschmousseline den Giersch blanchieren, abschrecken und abkühlen lassen. Die Hähnchenbrust im Mixer fein pürieren. Den blanchierten Giersch, Sahne und Eiweiß darunterrühren. Mit Salz und Pfeffer würzen.
In vier gebutterte Förmchen füllen und im warmen Wasserbad im auf 90 Grad vorgeheizten Backofen 20 Minuten garen.

Die Gierschblätter für die Garnitur dünn mit Olivenöl bestreichen. Auf einem Backblech auslegen und im Backofen bei 70 Grad etwa 3 Stunden zu knusprigen Chips trocknen lassen.
Kurz vor dem Servieren die eingepackten Langustinen kurz von allen Seiten in heißer Butter garen.
Die Langustinen kreisförmig auf vier Portionsteller verteilen. Mit etwas flüssiger Butter beträufeln. Die Gierschmousseline in die Tellermitte stürzen. Mit Giersch-Chips und frischem Rainfarn garnieren.

Als »Unkraut« ist der Giersch unbeliebt, in der Wildpflanzenküche jedoch gehört er zu den Klassikern und lässt sich vielfältig verwenden, zum Beispiel als Spinat, in Lasagne, in Füllungen von Ravioli oder Maultaschen oder als Belag für Quiche.

In meiner Heimat, der Normandie, wächst Rainfarn in jedem gepflegten Bauerngarten. Die Heilpflanze wird in hausgemachten Kräuterlikören verwendet, und ihr feines Aroma passt zu allen Krustentieren. Die Blüten kandiere ich und nutze sie für Kuchen und Desserts.

Das filigrane Resedakraut mit seinen gelben Blüten sieht aus wie ein kleiner Tannenbaum. Es fasziniert wegen seiner Eleganz und des senfartigen Geschmacks.
Die üppig wachsenden jungen Blätter sind pikant und schmecken leicht nach Kohl. Sie werden als Salat angemacht oder wie Grünkohl als Gemüse gekocht.

Rumex (R. alpinus) wird auch Alpenampfer oder in Frankreich Rhubarbe-des-moines (Mönchsrhabarber) genannt. Die Pflanze wird bis zu einem Meter hoch und hat herzförmige, langstielige Blätter, die bis zu fünfzig Zentimeter breit werden können. Die zarten, schlanken Stengel bereite ich wie Rhabarber zu.

Rumex mit Tomaten und Olivenöl

Für 4 Personen

120 g Rumex, nur die Stengel (die Blätter z.B. für Kräuter-Crème-brûlée verwenden, siehe Rezept Seite 128)
3 EL Olivenöl
120 g Tomaten, gehäutet, entkernt, gewürfelt
1 TL Korianderkörner
1 TL Zucker
Meersalz, Pfeffer aus der Mühle

Die Rumexstengel in Stückchen schneiden. Das Olivenöl erhitzen und alle Zutaten unter ständigem Rühren darin 5 Minuten dünsten.
Diese Wildgemüsebeilage passt gut zu Ente, Fisch oder Wild.

Tipp:
Anstelle von Rumex kann auch Japanischer Knöterich oder Rhabarber verwendet werden.

Zucchini und Jakobsmuscheln mit Reseda

Für 4 Personen

Bouillon:
100 ml fruchtiger Riesling
1 Knoblauchzehe
100 ml Geflügelfond
50 ml Holunderblütenessig (oder weißer Balsamico)
20 g Reseda, Stiele und Samenschoten
4 Safranfäden
Meersalz, Pfeffer aus der Mühle

300 g Zucchini, klein gewürfelt
50 g Karotten, geschält, klein gewürfelt
1 Kartoffel, geschält, klein gewürfelt
1 Lauchzwiebel, in Ringe geschnitten
50 g Butter
200 g Jakobsmuscheln, küchenfertig
40 g Reseda, Blüten und zartes Kraut

Für die Bouillon alle Zutaten in einen Topf geben und bei kleiner Hitze 20 Minuten köcheln lassen.
Das vorbereitete Gemüse in der heißen Butter 3 Minuten andünsten.
Die Jakobsmuscheln mit den Resedablüten und dem Resedakraut in die heiße Bouillon geben und etwa 3 Minuten darin ziehen lassen.
Das Gemüse in vier Suppenteller verteilen. Die Jakobsmuscheln darauf legen und mit der Bouillon übergießen.
Mit Resedablüten und Resedakraut garnieren.

Sechskornrisotto mit Amaranth

Die Samen des Amaranth oder Zierfuchsschwanzes nenne ich auch »roter Mohn«. Ich verwende sie zusammen mit Reis im Risotto oder zu glutenfreiem Mehl gemahlen für Pfannkuchen, Gnocchi oder Brot.

Die kleinen, rundlich-dicken und knackig-saftigen Blätter der Tripmadam (Sedum reflexum) sind als Salat eine Erfrischung auf der Zunge. Sie geben auch Risotto einen schönen, grünen Akzent, werden dafür aber erst nach dem Kochen untergemischt.

Für 4 Personen

50 g Wildreis
50 g Grünkern
50 g Amaranth
50 g Perlgraupen
50 g Basmatireis
50 g Risottoreis (Carnaroli)
¼ l Gemüsefond
2 EL Olivenöl
50 g Schalotten, gewürfelt
1 EL Olivenöl
50 ml Weißwein
50 g Mascarpone
100 g Parmesan, gerieben
20 g Tripmadam, gezupfte Blättchen
50 ml Sahne, steif geschlagen
100 g Amaranthblätter
1 Msp. Natron
Meersalz, Pfeffer aus der Mühle

frische Amaranthblätter als Garnitur

Für den Risotto Wildreis, Grünkern, Amaranth und Perlgraupen getrennt in kaltem Wasser über Nacht einweichen. Am folgenden Tag abgießen und abtropfen lassen.
Das eingeweichte Getreide im Gemüsefond kurz garen. Abtropfen lassen, den Garfond auffangen und beiseite stellen.
Das Olivenöl in einem Gusseisentopf erhitzen, die Schalotte darin glasig dünsten, herausnehmen und beiseite stellen. Basmati- und Risottoreis unter ständigem Rühren im selben Topf hell anrösten und mit dem Weißwein ablöschen. Den Garfond des Getreides nach und nach dazugießen und den Reis etwa 10 Minuten bissfest garen.
Das gekochte Getreide und die Schalottenwürfel unter den Reis mischen.

Kurz vor dem Servieren Mascarpone, Parmesan, Tripmadam und die Schlagsahne unter den Risotto heben. Mit Salz und Pfeffer abschmecken.
Die Amaranthblätter in kochendem Salzwasser mit dem Natron 3–6 Minuten blanchieren. Abschrecken, abtropfen lassen und mit etwas Olivenöl und Meersalz abschmecken.
Die blanchierten Amaranthblätter in vier Portionsringe verteilen. Den Risotto einfüllen und mit frischen Amaranthblättern garnieren.

Seeteufelbäckchen mit Dost und Löwenzahn

Für 4 Personen

Brotteig (zum Verschließen des Topfes):
100 g Mehl
5 g frische Hefe
50 ml Wasser
½ TL Salz

4 Seeteufelbäckchen (Lotte, Baudroie), gehäutet
2 EL Olivenöl
50 g durchwachsener Speck, fein gewürfelt
50 g Lauchzwiebeln, fein gewürfelt
100 g Tomaten, gehäutet, entkernt, gewürfelt
1 Knoblauchzehe
100 ml Weißwein (Riesling)
100 g Dostblätter (wilder Majoran)
Salz, Pfeffer aus der Mühle

200 g Löwenzahnblätter
1 EL Olivenöl
Salz
1 TL Honig

Für den Brotteig das Mehl in eine Schüssel geben, die Hefe hineinbröckeln und das Wasser dazugeben. 10 Minuten zu einem glatten Teig kneten. Zugedeckt an einem warmen Ort 1 Stunde gehen lassen. Dann das Salz dazugeben und den Teig weitere 10 Minuten kneten. Nochmals 1 Stunde gehen lassen.
Die Seeteufelbäckchen mit Salz und Pfeffer würzen.
In einem Gusseisentopf das Olivenöl erhitzen. Speck, Lauchzwiebeln, Tomaten und den zerdrückten Knoblauch darin andünsten, mit dem Weißwein ablöschen. Die Seeteufelbäckchen darauf legen und mit den Dostblättern bedecken.

Den Brotteig zu einer dünnen Rolle formen, um den Topfdeckelrand legen und den Topf fest damit verschließen. In dem auf 180 Grad vorgeheizten Backofen 8 Minuten garen.
In der Zwischenzeit den Löwenzahn kurz blanchieren. Im Olivenöl knackig dünsten. Mit Salz und Honig würzen.
Den Topf wegen des besonderen Duftes, der ihm entsteigt, erst am Tisch öffnen. Dazu den Brotteigrand vorsichtig entfernen.
Den Fisch mit der Tomatensauce auf vorgewärmten Tellern anrichten. Den Brotteigrand in Stücke brechen und als aromatische Beilage reichen. Den Löwenzahn in einer Schüssel dazu servieren.
Dazu passt Basmatireis.

Sauerampfer, der Klassiker in der Wildpflanzenküche, wird wegen seines fein-säuerlichen Geschmacks und der vielen Verwendungsmöglichkeiten sehr geschätzt. Am besten ist der Schild- oder Römische Ampfer (Rumex scutatus).

Die fein säuerlich schmeckenden Blättchen des Pfennigkrauts bereichern jeden Frühlingssalat und würzen kalte Suppen auf der Basis von Buttermilch, Joghurt, Sojamilch oder Kokosmilch.

Erfrischende Sauerampfersuppe mit Kürbiskernöl

Für 12 Personen

250 g Lauch
150 g Schalotten
600 g Kartoffeln
100 ml Kürbiskernöl
1 EL Salz
2 EL Honig
¼ l Weißwein
600 g Sauerampfer

4 kleine Sauerampferblätter
4 TL Kürbiskernöl

Für die Sauerampfersuppe alle Zutaten klein schneiden.
Den Lauch in 1½ Liter kochendem Wasser kurz blanchieren, in ein Sieb gießen und abschrecken, dabei das Wasser auffangen.
Die Schalotten und die Kartoffeln in etwas heißem Öl andünsten. Mit dem Lauch-Blanchierwasser und dem restlichen Kürbiskernöl auffüllen. Salz und Honig dazugeben und etwa 10 Minuten kochen. Abkühlen lassen. Den blanchierten Lauch und den Sauerampfer hinzufügen und alles im Mixer pürieren. Falls nötig, mit etwas Wasser verdünnen. Durch ein Haarsieb streichen und kalt stellen.
Die eiskalte Suppe in vier Suppenteller verteilen. Mit den Sauerampferblättchen garnieren und am Tisch mit etwas Kürbiskernöl beträufeln.

Wassermierensuppe mit Buttermilch und Tomaten-»Bäumchen«

Für 4 Personen

100 g Wassermiere, fein gehackt
½ l Buttermilch
200 g Naturjoghurt
1 EL Honig
1 TL Salz
1 EL Maiskeimöl

Tomaten-»Bäumchen«:
4 vollreife Tomaten
20 g Fetthenneblätter

2 TL flüssiger Kastanienhonig
etwas Fleur de Sel

Sämtliche Zutaten zur Suppe, gut gekühlt, mit dem Pürierstab cremig aufschlagen.
Für die Tomaten-»Bäumchen« den Stielansatz aus den Tomaten herausschneiden. Die Tomaten etwa 10 Sekunden in kochendes Wasser tauchen, abschrecken und häuten. Im Abstand von ½ cm rundherum etwa 2 cm tief einschneiden. In die Einschnitte in regelmäßigem Abstand die Fetthenneblätter stecken.
Die Suppe auf vier Suppenteller verteilen. Die Tomate in die Mitte setzen. Mit flüssigem Honig umranden und die Tomaten mit etwas Fleur de Sel bestreuen.

Tipp:
Statt Wassermiere kann man auch Pfennigkraut verwenden.

Karpfenragout mit Waldlakritz und Franzosenkraut

Das zarte, seidige Franzosenkraut wächst bevorzugt zwischen Kartoffeln. Sein milder Geschmack erinnert an Mais und Erbsen.

Der an Limetten erinnernde Duft des Wiesensalbeis kommt besonders gut in Salatsaucen zur Geltung.

Mit anderen Kräutern gemischt, gibt der Wasserpfeffer den Gerichten eine pfeffrig-scharfe Note.

Für 4 Portionen

600 g Karpfenfilet, ohne Gräten, küchenfertig
1 EL (10 g) gehackte Waldlakritzwurzel (Tüpfelfarn)
3 EL (10 g) fein geschnittener Wasserpfeffer
2 EL Sojasauce

2 EL Sonnenblumenöl
2 Schalotten, fein gewürfelt
100 g Tomaten, gehäutet, entkernt, grob gewürfelt
100 g Fenchel, grob gewürfelt
300 g Mark von roten Johannisbeeren
½ l Geflügelfond
1 rote scharfe Peperoni (Peperoncini), fein geschnitten
100 g Sojasprossen
1 Lauchzwiebel, in Ringe geschnitten
Meersalz, Pfeffer aus der Mühle

Salat:
8 Blätter Eisbergsalat
60 g Franzosenkraut oder Wiesensalbei, gezupft
4 EL Vinaigrette

Den Karpfen in fingerdicke Streifen schneiden. Mit Waldlakritz, Wasserpfeffer, 1 Esslöffel Sojasauce, Salz und Pfeffer marinieren. Das Sonnenblumenöl erhitzen, Schalotten, Tomaten und Fenchel zusammen mit 1 Esslöffel Sojasauce und 2 Esslöffeln Wasser weich dünsten. Das Johannisbeermark, den Geflügelfond, die Peperoni und das Karpfenfleisch dazugeben und etwa 5 Minuten garen. Die Sojasprossen und die Lauchzwiebelringe daruntermischen. Mit Salz und Pfeffer abschmecken.
Den Salat anmachen und zusammen mit einem Naturreis zum Karpfenragout servieren.

Rinderfilet im Kräuterheu

Ein Bett aus Kräuterheu – zusammengestellt aus Stengeln und groben Pflanzenteilen – gibt darauf gegartem Fleisch und Fisch ein einzigartiges Kräuteraroma. So steht denn auch dieses Rinderfilet seit langem ganz oben auf der Hitliste unserer beliebtesten Gerichte.

Für 4 Personen

Brotteig (zum Verschließen des Topfes):
100 g Mehl
5 g frische Hefe
50 ml Wasser
½ TL Salz

4 Rinderfiletscheiben (Tournedos) à 180 g, 4–5 cm dick geschnitten
1 EL Öl
50 g Kräuterheu (getrocknete Wiesen- und Gartenkräuter wie Dost, Pimpernelle, Wildmöhren, Rucola, Quendel, Johanniskraut, Schafgarbe, Beifuß, Mädesüß)

Beurre blanc:
20 ml Gemüsefond
30 g Butter in Stückchen
Salz, Pfeffer aus der Mühle

50 ml sirupartig eingekochter Rinderfond

Für den Brotteig das Mehl in eine Schüssel geben, die Hefe hineinbröckeln und das Wasser dazugeben. 10 Minuten zu einem glatten Teig verkneten. Zugedeckt an einem warmen Ort 1 Stunde gehen lassen. Das Salz dazugeben und den Teig nochmals 10 Minuten kneten. Wiederum 1 Stunde gehen lassen.
Die Rinderfiletscheiben mit Öl bestreichen und in einer heißen Pfanne auf beiden Seiten kurz scharf anbraten. Die Hälfte des Kräuterheus auf dem Boden eines feuerfesten Topfes verteilen. Die Filets darauflegen und mit dem restlichen Kräuterheu bedecken.
Den Brotteig zu einer dünnen Rolle formen, um den Rand des Topfdeckels legen und den Topf damit fest verschließen. Kurz vor dem Servieren für 7 Minuten in den auf 220 Grad vorgeheizten Backofen schieben. Anschließend 3 Minuten ruhen lassen.

Für die Beurre blanc den Gemüsefond aufkochen und mit den Butterstückchen cremig-dick aufschlagen. Mit Salz und Pfeffer abschmecken.
Den Topf mit den Rinderfilets wegen des besonderen Duftes, der ihm entsteigt, erst am Tisch öffnen. Dazu den Brotteigrand vorsichtig entfernen und als Beilage servieren. Die Gemüse-Beurre-blanc auf vier Portionsteller verteilen, den eingedickten Rinderfond in Streifen darübergießen und die Rinderfilets darauf anrichten. Mit Fleur de Sel und Pfeffer bestreuen.

Knusprige Ente mit Kamillenblüten gefüllt und Ananaskompott

Die Kamille ist nicht nur eine bedeutende Heilpflanze, sondern auch eine Würzblüte mit unendlichen Zubereitungsmöglichkeiten.

Für 4 Personen

1 Barbarie-Ente (ca. 1,2 kg), bratfertig
2 EL (10 g) Kamillenblütenknospen, frisch oder getrocknet (aus der Apotheke)
200 g Röstgemüse, gewürfelt (Karotten, Zwiebeln, Sellerie)
1 Bouquet garni
Meersalz, Pfeffer aus der Mühle

Sauce:
1 gehäufter EL Zucker
2 EL Essig
¼ l Entenfond
1 TL Speisestärke
Salz, Pfeffer aus der Mühle

Ananaskompott:
1 frische Ananas
20 g Butter
1 gehäufter EL Zucker
1 EL (5 g) Kamillenblütenknospen

frisches, zartes Kamillenkraut

Die Ente innen und außen salzen und pfeffern. Mit den Kamillenknospen füllen. Die Flügel und Keulen binden. In einen Bräter geben und im Backofen bei 200 Grad auf jeder Seite 20 Minuten knusprig braten. Nach 20 Minuten Bratzeit das Röstgemüse dazugeben.
Die Ente aus dem Ofen nehmen und 15 Minuten ruhen lassen. In vier Portionen teilen und warm halten. Das Gemüse, das Bouquet garni und die Entenknochen mit etwa ½ l Wasser bedecken und daraus für die Sauce einen Fond kochen.
Für die Sauce den Zucker hell karamellisieren und mit dem Essig ablöschen. Den Entenfond dazugießen und auf 200 ml reduzieren. Die Speisestärke mit etwas kaltem Wasser anrühren, unter die Sauce rühren und aufkochen. Mit Salz und Pfeffer abschmecken.

Für das Ananaskompott von der Ananas die Blattkrone entfernen, die Frucht schälen, längs vierteln und den Strunk herausschneiden. Die Viertel quer halbieren und ein bis zwei davon längs in mindestens 16 Schnitze schneiden (200 g davon abwiegen). Butter und Zucker hell karamellisieren. Die Ananasschnitze und die Kamillenblüten dazugeben und einkochen, bis alle Flüssigkeit verdampft ist.
Das Ananaskompott auf vier Teller verteilen. Je eine Portion Entenbrust und -keule darauf geben. Mit Sauce überziehen und mit Kamillenkraut garnieren.

Rehnüsschen mit Feldkleesauce und Rote Bete à la Borschtsch

Der Feldklee erscheint in seiner typischen Form mit seinen charakteristischen drei Blättern – mit etwas Glück findet sich auch einmal ein vierblättriges Exemplar. Der Geschmack der Sprossen erinnert an Erbsen, die Blüten eignen sich gut für Salate.

Für 4 Personen

Feldkleesauce:
20 g Feldkleeblüten
50 ml Sonnenblumenöl
20 g getrockneter Feldklee
75 ml Wasser
1 Ei, weich gekocht (5 Minuten)
Meersalz, weißer Pfeffer aus der Mühle

Rote Bete à la Borschtsch:
300 g Rote Bete (Randen), geputzt
1 Bouquet garni mit 1 Nelke
50 g Butter
2 EL Sonnenblumenöl
je 50 g Schalotten, Karotten, Sellerie, Weißkohl, Weißes vom Lauch oder Weinberglauch, zarte Stiele vom Bärenklau, geputzt
2 EL Essig
Salz, Pfeffer, Zucker

Rote-Bete-Chips:
1 Rote-Bete-Knolle
1 EL Olivenöl
Meersalz

4 Rehnüsschen (à 150 g), aus der Keule geschnitten
2 EL Sonnenblumenöl
Meersalz, Pfeffer aus der Mühle

Für die Feldkleesauce zunächst die Feldkleeblüten und das Sonnenblumenöl in ein Glas geben und in der Sonne 2 Wochen ziehen lassen. Anschließend durch ein Sieb gießen.
Den getrockneten Feldklee mit dem Wasser in einen Topf geben, aufkochen und durch ein Sieb gießen.
Das weich gekochte Ei mit 50 ml Feldkleetee pürieren. Unter ständigem Rühren nach und nach das Öl dazugießen. Mit Salz und weißem Pfeffer abschmecken.
Eine der Rote-Bete-Knollen in dünne Scheiben schneiden und daraus mit einem Portionierring 8 Kreise ausstechen. Den Rest Rote Bete und alle anderen Gemüse in 1 × 1 cm große Würfel schneiden. In einem Topf Butter und Sonnenblumenöl erhitzen, Rote Bete und Bouquet garni dazugeben und zugedeckt 10 Minuten dünsten. Alle anderen Gemüse und den Essig dazugeben und weitere 20 Minuten garen. Die Rote-Bete-Scheiben 5 Minuten mitgaren. Mit Salz, Pfeffer und Zucker abschmecken.
Für die Chips die Rote Bete mit dem Gemüsehobel in sehr feine Scheiben schneiden. Mit etwas Olivenöl bestreichen. Auf einem mit Backpapier belegten Blech über Nacht bei 80 Grad im Backofen trocknen lassen, bis die Chips knusprig sind. Mit Salz würzen.
Die Rehnüsschen im heißen Öl scharf anbraten. Mit Salz und Pfeffer würzen. Etwa 8 Minuten bei 180 Grad im vorgeheizten Backofen rosa braten. Zugedeckt 5 Minuten ruhen lassen.
Die Sauce auf vier Portionsteller gießen. Die in Scheiben geschnittenen Rehnüsschen darauf anrichten. Auf jeden der vier Teller einen Portionierring stellen, jeweils eine Rote-Bete-Scheibe hineinlegen, den Borschtsch einfüllen und mit einer Rote-Bete-Scheibe belegen. Die Ringe entfernen und mit Rote-Bete-Chips garnieren.

Wildschweinconfit mit Feldthymian, Puylinsen und Kartoffeltörtchen

Im »Vieux Sinzig« füllen wir unsere beliebten Pralinen mit einer feinen Thymian-Ganache, einer Füllung aus dunkler Schokolade, Sahne und fein gehackten Thymianblättchen. Aber auch Mousse au Chocolat oder Sorbets gibt Thymian eine besondere, herb-würzige Note.

Für 4 Portionen

Kräutermarinade:
130 g Thymiangelee (siehe Rezept Tannenspitzengelee, Seite 54)
2 Nelken
1 Bund Feldthymian, Blättchen abgezupft
1 Knoblauchzehe, zerdrückt
1 Lorbeerblatt, klein geschnitten
1 EL Meersalz
1 Prise Pfeffer

840 g Wildschweinkeule (küchenfertig), in 12 Stücke à ca. 70 g geschnitten
1 kg Gänseschmalz (oder 1 l Pflanzenöl)
4 Schalotten, ganz

Jus:
¼ l Wildfond
1 EL Feldthymianblättchen
1 TL grüner Pfeffer
1 Schalotte, fein gewürfelt

Puylinsen:
150 g Puylinsen
1 Bouquet garni
50 g Butter
je 50 g Karotte und Sellerie
20 g Butter

Kartoffeltörtchen:
350 g Kartoffeln
35 g Butter
2 Eigelb
35 g Emmentaler, gerieben
60 g Pilze, fein gewürfelt und kurz gedünstet
2 Eiweiß
2 rohe Kartoffeln
etwas geriebener Emmentaler zum Bestreuen
10 g Butter
Salz, Muskatnuss

Feldthymianblättchen als Garnitur

Für die Marinade alle Zutaten mischen. Die Fleischstücke in die Marinade einlegen und etwa 6 Stunden ziehen lassen.
Das Gänseschmalz in einem Gusseisentopf auf etwa 70 Grad erhitzen. Die Fleischstücke hineingeben und im geschlossenen Topf etwa 3 Stunden sanft garen. (Wichtig: Das Fett darf nicht zu heiß werden, da das Fleisch sonst frittiert und trocken wird.) Die Schalotten nach 1 Stunde dazugeben. Nach dem Abkühlen das Fleisch und die Schalotten aus dem Gänseschmalz nehmen und gut abtropfen lassen. Das gestockte Fett abheben und den Garfond für den Jus beiseite stellen.
Kurz vor dem Servieren alle Zutaten für den Jus zusammen mit dem Garfond aufkochen und durch ein Sieb über die Wildschweinstücke und die Schalotten gießen.
Die Linsen über Nacht in reichlich kaltem Wasser einweichen. Durch ein Sieb gießen und abtropfen lassen. In einen Topf mit kaltem Wasser geben, aufkochen und abschäumen. Das Bouquet garni dazugeben und die Linsen etwa 15 Minuten bei kleiner Hitze köcheln lassen. (Wichtig: Nicht zu heiß werden lassen, da die Linsen sonst platzen.) Die Linsen warm halten und kurz vor dem Servieren die in Butter gedünsteten Karotten- und Selleriewürfelchen darunterrühren.
Für die Kartoffeltörtchen die Kartoffeln kochen, durchpressen und ausdämpfen lassen. Nach und nach die Butter darunterrühren. Die Eigelbe, den Emmentaler und die gedünsteten Pilze dazugeben, mit Salz und Muskat würzen. Das Eiweiß steif schlagen und vorsichtig darunterheben.
Die zwei rohen Kartoffeln schälen, in sehr dünne Scheiben schneiden, kurz in kochendem Wasser blanchieren und abtropfen lassen. Vier ausgebutterte Förmchen damit

auslegen. Die Kartoffelmasse (etwa zu drei Viertel) einfüllen. Mit dem geriebenen Emmentaler bestreuen. Im auf 200 Grad vorgeheizten Backofen etwa 20 Minuten backen.
Die Kartoffeltörtchen auf die Teller geben. Mit Linsen umranden. Das Wildschwein-Confit und je 1 Schalotte auf die Linsen verteilen. Mit Jus überziehen und mit Feldthymianblättchen garnieren.

Lammkeulen-Confit mit Schafgarbe

Für 8 Personen

Schafgarbenöl:
100 g Schafgarbenblüten
½ l Olivenöl

Lammkeulen-Confit:
1½ kg Lammkeule, von Fett befreit, entbeint
4 Knoblauchzehen, längs geviertelt
Kräutermarinade (siehe Seite 90), mit 2 EL Meersalz
100 g Karotten, klein geschnitten
100 g Zwiebeln, gewürfelt
1 Strauß Schafgarbe, mit Küchengarn gebunden

Sauce (alle Zutaten Zimmertemperatur):
4 Eigelb
20 g Wiesenschaumkraut-Senf (siehe Rezept Seite 32)
40 g Kapern
2 Eier, gekocht und gewürfelt
40 g zartes Schafgarbenkraut, fein geschnitten
Meersalz, Pfeffer aus der Mühle

Kräutersalat

Für das Schafgarbenöl die Blüten in ein Glas mit Schraubverschluss füllen, mit dem Olivenöl bedecken, verschließen und 2 Wochen an der Sonne ziehen lassen. Das Öl durch ein Sieb gießen und die Blüten gut auspressen.
Die Lammkeule mit den geviertelten Knoblauchzehen in gleichmäßigen Abständen spicken. Das Fleisch mit der Kräutermarinade einreiben und 10 Tage marinieren, dabei jeden zweiten Tag wenden.
Die Lammkeule mit Karotten, Zwiebeln und dem Schafgarbenstrauß in einen Bräter legen. Das Schafgarbenöl darübergießen und im Backofen bei 70 Grad 140 Minuten garen. Wenden und weitere 60 Minuten schmoren. Das Fleisch im Bräter abkühlen lassen, dann in den Kühlschrank stellen. Den Bratenfond durch ein Sieb gießen und

Die Blüten und Samen der Schafgarbe können wegen ihres Gehalts an ätherischen Ölen zu einem aromatischen Aperitif verarbeitet werden (siehe Rezept Seite 56).
Das klassische Heilkraut mit seinem leicht pfeffrigen Geschmack verwende ich – je nach Saison – im Kräuterheu zum Garen von Fleisch und Fisch oder zum Würzen von Lammgerichten.

stehen lassen, bis sich das Öl abgesetzt hat. Das Öl abschöpfen und beiseite stellen. Den Fond in einen Topf gießen und sirupartig einkochen.
Für die Sauce die Eigelbe mit dem Senf mischen. Nach und nach unter ständigem Rühren das abgeschöpfte Bratöl dazugeben. Den eingekochten Fleischfond, die Kapern, die gewürfelten Eier und das Schafgarbenkraut darunterrühren. Mit Salz und Pfeffer abschmecken.
Die Lammkeule in sehr dünne Scheiben schneiden, auf etwas Kräutersalat anrichten und die Sauce dazu servieren.

Walnusstapenade

Salzlake:
1 l Wasser
400 g Salz

Tapenade:
1,2 kg grüne Nüsse (am besten vor dem Johannistag, 24. Juni, geerntet)
200 ml Olivenöl
400 g Tomaten, gehäutet, entkernt, klein gewürfelt
5 Knoblauchzehen
100 ml Rotweinessig
50 g Tomatenmark
1 TL Pfefferkörner, gestoßen

Für die Salzlake das Wasser mit dem Salz aufkochen. Abkühlen lassen.
Die Nüsse in ein hohes Gefäß geben und mit der Salzlake bedecken. Das Gefäß mit einem Teller abdecken und die Nüsse 2 Wochen ziehen lassen. Dann die Nüsse in ein Sieb gießen, abtropfen lassen und über Nacht wässern. Die Nüsse in ein Sieb gießen, abtropfen lassen und 1 Tag trocknen lassen.
Für die Tapenade die Nüsse fein hacken. Das Olivenöl in einem großen Topf erhitzen. Nüsse, Tomaten und den durchgepressten Knoblauch darin kurz andünsten. Rotweinessig, Tomatenmark und Pfeffer darunterrühren und alles bei kleiner Hitze musartig einkochen lassen.
Die Tapenade heiß in Gläser mit Schraubverschluss füllen und sofort verschließen.

Tipps:
Passt gut zu Carpaccio und Tatar. Eignet sich zum Füllen von Cocktailtomaten oder zum Bestreichen von geröstetem Brot, pur oder zum Beispiel mit Thunfisch oder gehobeltem Parmesan.

Süße Kräuter-Johannisnüsse

Die Walnüsse werden am 24. Juni, dem Johannistag, geerntet und mit heimischen Kräutern und Gewürzen süß eingelegt. Sie werden auch als »schwarze Nüsse« bezeichnet.

1 kg grüne Walnüsse, ohne Stiel

4 l Wasser
1½ kg Zucker
1 EL Meersalz
50 g Nelkenwurz
20 g Lindenblüten
20 g Pappelblätter
25 g Mauerpfeffer
25 g Bärenklausamen (Früchte)
1 Blatt Kirschlorbeer
15 g Waldlakritzwurzel

Mit Gummihandschuhen die Walnüsse mit einem spitzen Messer mehrmals tief einstechen. Die Nüsse für 10 Tage in 5 Liter kaltem Wasser einlegen, um die bitteren Gerbstoffe herauszulösen; dabei jeden zweiten Tag das Wasser wechseln.
Die abgetropften Nüsse in einen Kochtopf geben. Mit kaltem Wasser bedecken, salzen und 8 Minuten köcheln lassen. Die Nüsse durch ein Sieb gießen und abtropfen lassen.
Sämtliche Kräuter und Würzzutaten mit vier Liter Wasser in einen Topf geben und aufkochen. Den Sud heiß über die Nüsse gießen und 5 Tage zugedeckt ziehen lassen.
Dann die Nüsse mit einer Schaumkelle aus dem Sud heben. Den Sud aufkochen und wiederum heiß über die Nüsse gießen.
Den Vorgang nach 5 Tagen nochmals wiederholen. Nach weiteren 5 Tagen den so entstandenen Sirup einkochen lassen.
Die Nüsse in Gläser schichten und mit dem heißen Sirup bedecken. Verschließen und im Backofen bei 90 Grad 20 Minuten einkochen.
Die süßen Kräuter-Johannisnüsse frühestens nach 3 Monaten probieren, am besten sind sie allerdings erst Weihnachten.
Sie können wie kandierte Früchte verwendet werden, als Belag für Tartelettes oder zu Wildgerichten.

Die mineralstoffreichen Blüten und Blätter der Wegwarte pflückt man im Juli und August und bereitet sie als Salat zu. Die Wurzel wird im Spätherbst ausgegraben, geputzt und geröstet und als Kaffee-Ersatz verwendet, zum Beispiel in Desserts (siehe Rezept Löwenzahn-Tiramisù, Seite 44, wo sie die Löwenzahnwurzel ersetzen kann).

Im Frühjahr geerntet, eignen sich die feinen, zarten Lindenblätter, mit Reis und Pinienkernen gefüllt, als kleiner, delikater Snack. Im Sommer sind die Blüten eine aromatische Grundlage für Desserts, Saucen oder Eis.

Lindenblütenmousse

Für 8 Portionen

40 g Lindenblüten
½ l Milch
200 g Mandeln, gehäutet
2 EL Bittermandeln
200 g Zucker oder Honig
8 Eigelb
6 Blatt Gelatine, eingeweicht
400 g Sahne, steif geschlagen

frische Erdbeeren oder Himbeersauce
(siehe Seite 39)

Die Lindenblüten mit der Milch aufkochen. Mit dem Pürierstab zerkleinern und durch ein Sieb streichen. Die zerkleinerten Mandeln und Bittermandeln dazugeben. Zucker und Eigelbe aufschlagen. Die heiße Milch-Mandel-Masse dazugeben. Bei kleiner Hitze (80 Grad) cremig dick aufschlagen. Die eingeweichte Gelatine darunterrühren. Die Creme abkühlen lassen, dann die steif geschlagene Sahne darunterheben. Die Mousse im Kühlschrank fest werden lassen. Von der Lindenblütenmousse mit einem Esslöffel Nocken abstechen, auf vier Desserttellern anrichten. Mit frischen Erdbeeren oder Himbeersauce garnieren.

Wegwarten-Karamellcreme

Für 4 Personen

Wegwartenfond:
40 g Wegwarte, Wurzel und Blätter, geputzt
400 ml Mineralwasser

Wegwarten-Karamellcreme:
125 g Zucker
Saft von 1 Zitrone
1 Vanilleschote
5 Blatt Gelatine, eingeweicht
5 Eier
½ l Sahne, steif geschlagen

12 Wegwartenblüten
Puderzucker

Für den Fond Wurzel und Blätter der Wegwarte im Backofen bei 80 Grad etwa 3 Stunden trocknen lassen. Im Mineralwasser aufkochen, dann vom Herd nehmen und zugedeckt 30 Minuten ziehen lassen. Den Fond durch ein Sieb gießen und die Wegwarte gut ausdrücken.
Für die Karamellcreme den Zucker in einem Topf hell karamellisieren, den Wegwartenfond, Zitronensaft und Vanilleschote dazugeben und alles auf ¼ l einkochen. 50 ml davon abmessen und die eingeweichte Gelatine darin auflösen. Die restliche Flüssigkeit abkühlen lassen.
Die Eier über dem Wasserbad (80 Grad) cremig dick aufschlagen. Die aufgelöste Gelatine und die Karamellflüssigkeit darunterrühren. Die Masse abkühlen lassen, dann die steif geschlagene Sahne unterheben.
Die Wegwartenblüten auf ein mit Backpapier belegtes Backblech verteilen und mit Puderzucker bestäuben. Im Backofen bei 80 Grad etwa 60 Minuten knusprig trocknen lassen.
Die Karamellcreme in einen Spritzbeutel mit Sterntülle füllen und in vier Glasschälchen spritzen. Mit je drei Wegwartenblüten garnieren.

250ml 1cup 8floz

Die jungen Triebe der Brombeere sind dank ihres hohen Gerbstoffgehaltes besonders aromatisch. Um den Tanningeschmack etwas zu mildern, werden die Triebe dreimal blanchiert und dann in Kräuteressig oder Öl eingelegt. Die getrockneten und leicht fermentierten Brombeerblätter ergeben einen wohlschmeckenden Tee, den bereits Hildegard von Bingen bei Erkältungskrankheiten und Kopfschmerzen empfahl. Aus den Beeren wird gerne Brombeerwein oder Gelee hergestellt.

Die Felsenbirne ist ein Zierstrauch, der in unseren Gärten in erster Linie wegen seiner dekorativen Blüten angepflanzt wird. Die schwarzvioletten Beeren finden meist kaum Beachtung; dabei sind sie äußerst delikat und erinnern geschmacklich leicht an Erdbeeren und Birnen. Die saftigen Früchte sind roh ein Genuss, lassen sich aber auch gut bespielsweise zu Konfitüre oder als Belag für eine außergewöhnliche Tarte verarbeiten.

Eiscreme von Brombeerblättertee mit Brombeersauce auf Crêpe

Für 4 Personen

Eiscreme:
2 TL getrocknete, gemahlene Brombeerblätter
¼ l heißes Wasser
3 Eigelb
125 g Zucker
2 TL helle Sojasauce
100 ml Schlagsahne

Crêpeteig (siehe rechts)

Brombeersauce:
250 g Brombeeren
100 ml Wasser
1 EL Zucker

Für das Eis das Brombeerblätterpulver mit ¼ l heißem Wasser überbrühen und 2 Minuten ziehen lassen. Durch ein Sieb gießen und abkühlen lassen.
Die Eigelbe mit dem Zucker schaumig schlagen. Die Sojasauce, den kalten Brombeertee und die flüssige Sahne darunterrühren. In der Eismaschine gefrieren lassen.
Für den Crêpeteig Mehl, Milch, Wasser, Eier, Zucker, Salz und flüssige Butter zu einem glatten Teig verrühren. Den Teig 1 Stunde ausquellen lassen.
In einer beschichteten Pfanne nacheinander millimeterdünne goldgelbe Crêpes backen.
Für die Sauce die Brombeeren mit Wasser und Zucker aufkochen. Pürieren, durch ein Sieb streichen und abkühlen lassen.
Die Crêpes zweimal falten. Auf Dessertteller legen, in die Öffnung eine Kugel Eis geben und mit Brombeersauce umranden.

Crêpe mit Felsenbirnen

Für 4 Portionen

Crêpeteig:
60 g Mehl
60 ml Milch
60 ml Wasser
2 Eier
10 g Zucker
1 Prise Salz
25 g flüssige Butter

100 g Felsenbirnen
20 g Butter
Puderzucker zum Bestäuben
1 Päckchen Bourbon-Vanillezucker

Für den Crêpeteig Mehl, Milch, Wasser, Eier, Zucker, Salz und die flüssige Butter zu einem glatten Teig verrühren. Den Teig 1 Stunde ausquellen lassen.
Die Felsenbirnen waschen, in einem Sieb abtropfen lassen und den Stiel entfernen.
In eine beschichtete Pfanne etwas Crêpeteig geben. Den Teig gleichmäßig mit den Felsenbirnen bedecken. Die Unterseite der Crêpe goldgelb backen. Etwas Butter mit dem Backpinsel auf die Felsenbirnen streichen, mit Puderzucker bestäuben, die Crêpe wenden und auf der zweiten Seite backen. Auf einen Teller gleiten lassen.
Auf diese Weise drei weitere Crêpes backen.
Die Crêpes kurz vor dem Servieren mit Vanillezucker bestäuben.
Dazu Sahnequark oder Joghurteis servieren.

Gänsefußpie mit Feigen und Äpfeln

Für 4 Personen

Feiner Mürbeteig:
75 g Zucker
75 g Puderzucker
300 g Mehl
150 g Butter
Salz
1 Eigelb

Füllung:
500 g Gänsefuß
2 Äpfel (Granny Smith oder Boskop)
Saft von 1 Zitrone
2 getrocknete Feigen, in Scheiben geschnitten
50 g Biskuitbrösel
100 g Korinthen
2 Eier
40 g gemahlene Mandeln
100 g Hagebuttenkonfitüre

1 Eigelb zum Bestreichen

Für den Mürbeteig Zucker, Puderzucker, Mehl, Butterstückchen und eine Prise Salz mit den Händen zu feinen Streuseln zerreiben. Zusammen mit dem Eigelb verkneten. Eine Kugel formen und 30 Minuten abgedeckt kalt stellen.
Gut die Hälfte des Teiges auf wenig Mehl ausrollen, den Boden und den Rand einer gefetteten Springform (von ca. 26 cm Durchmesser) damit auslegen. Den Boden mit einer Gabel einstechen und die Form 20 Minuten kalt stellen.
In der Zwischenzeit für die Füllung den Gänsefuß blanchieren, gut abtropfen lassen. Die Äpfel schälen, klein schneiden und mit Zitronensaft, Feigen, Biskuitbrösel, Korinthen, Eiern und gemahlenen Mandeln mischen.
Den Teigboden mit Hagebuttenkonfitüre bestreichen und die Füllung darauf verteilen. Den restlichen Teig auf wenig Mehl ausrollen und die Füllung damit abdecken. Am Rand gut festdrücken und mit einem Plätzchenausstecher oder einem kleinen Glas in der Mitte ein Loch ausstechen, damit der Dampf entweichen kann. Das Eigelb mit einem Teelöffel Wasser verquirlen und die Pie damit bestreichen.
Im auf 160 Grad vorgeheizten Backofen etwa 45–60 Minuten backen.

Rosenblütenmousse »Süße Rose«

Die Rose gehört zu den edelsten Blüten und gilt unter anderem als Symbol der Liebe. Ich bevorzuge die im Topf wachsenden roten Duftrosen. Aus den Blättern bereite ich ein Rosengelee oder Rosenlikör zu, oder ich kandiere sie mit Zucker als Blütendekoration für meine Sommerdesserts.

Für 4 Personen

150 ml Weißwein (fruchtiger Riesling)
150 g Rosenblütenkonfitüre (Rezept Seite 100)
3 Blatt Gelatine, eingeweicht
200 ml Sahne
1 Tropfen Rosenessenz (aus der Apotheke)

Kürbiskerngebäck:
100 g Butter (Zimmertemperatur)
100 g Zucker
100 g Honig
100 g Dinkelmehl
100 g Kürbiskerne, gehackt

100 g frische Beeren
1 EL Rosenblütenkonfitüre

Für die Rosenblütenmousse den Weißwein aufkochen. Die Rosenblütenkonfitüre und die eingeweichte Gelatine darin auflösen. Durch ein Haarsieb streichen. Die Sahne und die Rosenessenz daruntermischen. In den Sahnebereiter füllen und mit einer Patrone verschrauben (siehe Küchenpraxis, Seite 148). Die Flasche kräftig schütteln und etwa 4 Stunden kühl stellen.
Für das Kürbiskerngebäck Butter, Zucker und Honig verrühren. Das Dinkelmehl dazusieben und die gehackten Kürbiskerne darunterrühren. Aus dem Teig auf etwas Mehl eine Rolle von 8 cm Durchmesser formen. Kurz anfrieren, dann mit einem scharfen Messer in etwa 3 mm dicke Scheiben schneiden. Auf ein Backblech legen und bei 140 Grad rund 15 Minuten goldgelb backen.

Pro Teller drei bis fünf Kürbiskernplätzchen mit der Rosenblütenmousse dazwischen übereinanderschichten. Mit feinen Streifen Rosenblütenkonfitüre und Beeren garnieren.

Tipp:
Für eine schöne rote Farbe der Mousse 2 dünne Scheiben geschälte rohe Rote Bete (Rande) im aufgekochten Weißwein 2 Minuten ziehen lassen, dann entfernen.

Schon ab Ende Juli fällt der Rote Holunder mit seinen kleinen, leuchtend roten, traubenförmigen Beeren auf. Der Strauch steht oft im Unterholz feuchter und leicht schattiger Waldlichtungen. Der aus den Beeren gewonnene, gekochte und gesiebte Saft lässt sich vielfältig für Saucen, Desserts und Konfitüren verwenden.

Rosenblütenkonfitüre

1 kg Rosenblüten
1½ kg Gelierzucker (2:1)
2 l Apfelsaft

Die Rosenblüten mit 1 kg Gelierzucker in ein gut verschließbares Gefäß geben und 3–4 Tage im Kühlschrank ziehen lassen; dabei das Gefäß immer wieder wenden.
Die Rosenblüten-Zucker-Mischung, den restlichen Gelierzucker und den Apfelsaft in einem großen Topf zum Kochen bringen und 3 Minuten sprudelnd kochen lassen.
Die Konfitüre sofort in vorbereitete heiße Gläser mit Schraubverschluss füllen und verschließen.

Tipp:
Verwendet man die im Handel erhältliche zuckersparende Variante des Gelierzuckers (als 2:1 bezeichnet), braucht man bei der Konfitüren- oder Geleeherstellung zwei Teile Frucht und nur einen Teil Gelierzucker.

Roter-Holunder-Gelee mit Melone und Waldbeeren

Für 4 Portionen

400 g rote Holunderbeeren (Traubenholunder)
½ l Wasser
50 g Zucker
200 g Melone
80 g Waldbeeren
2½ Blatt Gelatine, eingeweicht
(oder 5 g Agar-Agar)
8 Blättchen Waldminze, fein geschnitten

Vanille- oder Steinkleesauce (siehe Seite 104)
4 Minzblättchen

Die Holunderbeeren mit dem Wasser aufkochen, den Saft durch ein feines Sieb streichen. Den Zucker darunterrühren.
Die Melone schälen und in Würfel von 1 × 1 cm schneiden. Melone und Waldbeeren getrennt nacheinander im erhitzten Holundersaft kurz blanchieren. Die Früchte in Portionsförmchen verteilen.
½ l heißen Holundersaft abmessen und die eingeweichte Gelatine darin auflösen. Oder das Agar-Agar mit dem Holundersaft verrühren und 2 Minuten unter Rühren kochen lassen.
Den Saft etwas abkühlen lassen, dann die Waldminze darunterrühren. Über die vorbereiteten Früchte gießen und über Nacht kühl stellen.
Das Gelee aus den Förmchen auf vier Dessertteller stürzen. Mit Sauce umranden und mit Minzblättchen garnieren.

Crème brûlée mit Mädesüß und »Wildrhabarber«

Für 4 Personen

Rhabarber:
150 ml Wasser
Saft von ½ Zitrone
5 Zweige Waldmeister, getrocknet
75 g Rohrzucker
200 g Erdbeerrhabarber oder »Wildrhabarber« (Japanischer Knöterich, siehe Seite 48), geputzt, in dünne Stifte geschnitten

Rhabarbersorbet:
200 ml Rhabarbersirup (von der Zubereitung des Rhabarbers)

Creme:
250 g Schlagsahne
10 g Mädesüßblüten
50 g Rohrzucker
3 Eigelb

50 g Zucker

Für die Zubereitung des Rhabarbers das Wasser mit dem Zitronensaft und dem Waldmeister aufkochen und bei geschlossenem Deckel 10 Minuten ziehen lassen. Durchsieben. Den Rohrzucker dazugeben und nochmals aufkochen lassen.
Den Rhabarber im Sirup kurz blanchieren, so dass er fest bleibt, mit der Schaumkelle herausnehmen und beiseite stellen. Für das Rhabarbersorbet 200 ml Sirup abmessen und beiseite stellen.

Für die Creme die Schlagsahne mit den Mädesüßblüten aufkochen. Etwas ziehen lassen. Den Zucker mit den Eigelben glatt rühren. Die heiße Mädesüßsahne dazugießen und alles durch ein Haarsieb streichen. Die Masse unter ständigem Rühren aufschlagen. Den Rhabarber in feuerfeste Förmchen verteilen. Die Creme darübergießen. Im vorgeheizten Backofen im Wasserbad mit Ober- und Unterhitze bei 120 Grad, mit Heißluft bei 90 Grad etwa 30 Minuten stocken lassen.
In der Zwischenzeit für das Rhabarbersorbet die abgemessenen 200 ml Rhabarbersirup in die Eismaschine füllen und gefrieren lassen.
Kurz vor dem Servieren die Creme in den Förmchen mit Zucker bestreuen und mit einer Lötlampe (siehe Küchenpraxis, Seite 148) hell karamellisieren. Mit einer Kugel Rhabarbersorbet servieren.

Brotpudding mit Steinklee

Der Steinklee ist ein würdiger Nachfolger des Waldmeisters. Erst nach dem Trocknen entfalten die Blätter und Blüten beim Zerreiben sein feines, an Vanille erinnerndes Aroma. Steinklee kann daher gut an Stelle von Vanille verwendet werden.

Für 4 Personen

60 g Steinklee, getrocknet
125 ml Milch
50 g Rosinen
125 ml Sonnenblumenöl
100 g altbackenes Weißbrot (Baguette), in 1 x 1 cm große Würfel geschnitten
200 g Sonnenblumenkerne, geröstet
125 ml Sahne
1 Ei
1 Eigelb
50 g Zucker

Steinkleesauce:
¼ l Milch
15 g Steinklee
4 Eigelb
50 g Rohrzucker

Die Blätter des getrockneten Steinklees von den Stengeln zupfen, fein zerstoßen und sieben.
Die Milch mit den groben Teilen des Steinklees (Stengel, Blüten) aufkochen und etwa 30 Minuten zugedeckt ziehen lassen. Durch ein Sieb über die Rosinen gießen und 1 Stunde stehen lassen. Durch ein Sieb gießen und Milch und Rosinen beiseite stellen.
Das Sonnenblumenöl leicht erwärmen und die Brotwürfel kurz hineintunken. Die Brotwürfel in zwei Lagen in eine Auflaufform einschichten, dabei die Sonnenblumenkerne, die eingeweichten Rosinen und das Steinkleepulver dazwischen streuen.

Die Sahne zusammen mit der Milch leicht erwärmen. Ei, Eigelb und Zucker schaumig rühren. Die heiße Milch-Sahne-Mischung dazugießen, untermischen und über das Brot verteilen. 1 Stunde bei Zimmertemperatur quellen lassen. Dann im vorgeheizten Backofen bei 160 Grad etwa 40 Minuten backen.
Für die Steinkleesauce die Milch mit dem Steinklee aufkochen. Eigelbe und Zucker verrühren. Die heiße Steinkleemilch durch ein Sieb dazugießen. Bei kleiner Hitze etwa 8–10 Minuten unter ständigem Rühren cremig-dick aufschlagen. Durch ein Sieb streichen und abkühlen lassen.

Tipp:
Steinklee übertrifft nach dem Trocknen mit seinem feinen, vanilligen Duft sogar den Waldmeister. So gibt es bei mir anstatt Vanillesauce eine delikate Steinkleesauce zum Dessert.

Herbst

Kulinarisch besonders interessant sind die sonst kaum beachteten filigranen, zarten Blatttriebe der Buche. Kurz nach dem Knospen geerntet, geben sie Obstsalaten und Cocktails eine fein-säuerliche Note, die an Limetten erinnert.
Aus den Bucheckern wird ein begehrtes goldgelbes Öl mit einem typisch nussig-herben Aroma gewonnen. In Kuchen und Gebäck schmecken die leicht gerösteten Früchte der Buche anstelle von Nüssen besonders gut.

Jakobsmuscheln, Maronen und Lauch im Butterblätterteig

Für 4 Personen

8 frische Jakobsmuscheln in der Schale
2 Stangen Lauch, in feine Ringe geschnitten
50 g Butter
50 g Crème fraîche
12 geschälte Maronen
250 g Butterblätterteig
1 Eigelb
Salz, Pfeffer aus der Mühle

Die Jakobsmuscheln öffnen, gründlich waschen und das Muschelfleisch auslösen. Mit Küchenpapier gut abtrocknen. Die Muschelschalen beiseite stellen.
Den Lauch in der heißen Butter andünsten. Die Crème fraîche dazugeben und abschmecken.
Den Lauch und die Maronen in die Muschelschalen verteilen. Die Jakobsmuscheln daraufsetzen. Den Blätterteig dünn ausrollen, 8 Teigdeckel in Form der Muschelschale mit 2 cm Randzugabe ausschneiden und die Muscheln damit bedecken. Das Eigelb mit etwas Wasser verquirlen und den Teig damit bepinseln. Im Backofen bei 220 Grad etwa 10 Minuten backen.
Zum Servieren auf jeden Teller ein Häufchen Salz schütten und die Jakobsmuschelschalen daraufsetzen.

Bucheckern-Cracker mit Selleriemousse

Für ca. 20 kleine Cracker

Cracker:
100 g Mehl
50 g flüssige Butter
50 g Honig
100 g Eiweiß
1 TL Meersalz

Zum Bestreuen:
50 g Bucheckern, geschält
grobes Meersalz
gestoßener Pfeffer

Selleriemousse:
1 Sellerieknolle (600 g)
150 g Butter
1 EL Honig
1 TL Salz

Für die Cracker alle Zutaten zu einem Teig vermischen und 1 Stunde ruhen lassen.
Ein Backblech mit Backpapier belegen. Den Teig in Streifen (3 × 10 cm) auf das Backpapier streichen. Mit Bucheckern, Meersalz und gestoßenem Pfeffer bestreuen. Im auf 140 Grad vorgeheizten Backofen etwa 8 Minuten backen.
Für die Selleriemousse die Sellerieknolle schälen, in Alufolie wickeln und 2 Stunden im Backofen bei 180 Grad garen. Auspacken und mit Butter, Honig und Salz pürieren. Abschmecken.
Die Selleriemousse jeweils zwischen zwei Cracker füllen.

Zwiebeltarte mit Hagebutten

Sowohl die Blüten als auch die Früchte der Hagebutte finden in meiner Küche Verwendung. »Renner« aus der »Vieux Sinzig«-Küche sind die Rosenblütenkonfitüre und die herzhafte Hagebuttensauce, die anstelle von Tomatensauce verwendet wird.

Für eine Tarte von 26 cm Durchmesser

125 g Zucker
50 ml Hagebuttenessig (ersatzweise Sherry- oder Madeiraessig)
50 g Butter
1½ kg Zwiebeln, geschält, geachtelt
80 g Hagebutten, geviertelt und entkernt
1 EL Bohnenkraut
Salz, Pfeffer aus der Mühle

500 g Butterblätterteig
1 Eigelb

In einer Pfanne den Zucker karamellisieren. Mit dem Hagebuttenessig ablöschen.
Die Butter darunterrühren. Zwiebeln, Hagebutten und Bohnenkraut dazugeben und kochen, bis alle Flüssigkeit verdunstet ist. Mit Salz und Pfeffer würzen. Abkühlen lassen.
Den Blätterteig 3 mm dünn zu zwei Scheiben ausrollen. Eine Teigplatte in eine gebutterte Tarteform legen, so dass der Rand überlappt. Die Zwiebel-Hagebutten-Masse glatt einfüllen. Die zweite Teigplatte darüberlegen und die Teigränder fest andrücken.
Das Eigelb mit etwas Wasser verquirlen und die Tarte damit bestreichen.
Die Tarte im auf 200 Grad vorgeheizten Backofen 15 Minuten backen. Dann die Temperatur auf 180 Grad zurückschalten und die Tarte weitere 10 Minuten backen.
Die Tarte aus dem Ofen nehmen, aus der Form lösen und servieren.

Tipp:
Die Tarte lauwarm mit einem Federweißen servieren.

Quarkdip mit Tannenspitzen und Zitronen-Oregano-Confit

120 g Zitronen-Oregano-Confit (siehe Seite 109)
120 g in Essig eingelegte Tannenspitzen
500 g Magerquark
1 TL Meersalz

Das Zitronen-Oregano-Confit in kleine Würfel schneiden. Die Tannenspitzen fein hacken.
Alle Zutaten gründlich verrühren und mit Salz abschmecken.

Dieser Dip passt gut zu mariniertem Fisch (Carpaccio) oder Garnelen.

Tannenspitzen in Weinessig eingelegt

1 kg Tannenspitzen
1 l Weinessig
3 Lorbeerblätter
1 EL Senfkörner (15 g)
3 Nelken
15 Wacholderbeeren
2 EL Meersalz (35 g)

Die Tannenspitzen blanchieren, gut abtropfen lassen und in Schraubgläser verteilen. Den Weinessig mit den Gewürzen mischen und kurz aufkochen. Die Tannenspitzen mit dem heißen Gewürzessig bedecken und sofort gut verschließen.

Wildschweinpastete mit Maronen und Vogelbeeren

Zitronen-Oregano-Confit

Dieses Confit passt als Würzzutat besonders gut zu Fisch, weißem Fleisch und Frischkäse. Es eignet sich auch hervorragend zum Aromatisieren von Rührteigkuchen und Vanillecreme oder als Kuchenbelag.

100 g Zitronenschalen von ungespritzten Früchten (von ca. 6 Stück), fein abgeschnitten
100 g Zucker
20 g Glukosezucker
2 g Pektin
Saft von 1 Zitrone
2 EL frische Oreganoblätter (Dost)

Die Zitronenschalen fein schneiden. Mit dem Zucker vermischen und etwa eine Woche im Kühlschrank ziehen lassen, bis der Zucker flüssig wird. Ab und zu umrühren.
Die Zucker-Zitronen-Mischung in einen Topf geben. Glukose, Pektin, Zitronensaft und den fein gehackten Oregano daruntermischen. Nochmals eine Stunde ziehen lassen. Dann bei kleiner Hitze langsam aufkochen.
Das Zitronen-Confit lässt sich gut einmachen: Dazu die Masse in Gläser füllen und im Backofen bei 90 Grad eine Stunde sterilisieren.

Für die Zubereitung der Pastete sollten Sie sich mindestens 3 Tage Zeit lassen.

Für 16 Portionen

Grundfarce:
1,2 kg Wildschweinschulter
250 g Schweinerückenspeck (grüner Speck)
50 ml Weißwein
2 EL Zucker (30 g)
Saft von 1 Orange
2 Eier
2 EL Meersalz (30 g)
1 TL gemahlener Pfeffer
1 Msp. Nelkenpulver oder 1 Nelke, gemahlen
1 EL abgeriebene Orangenschale oder 1 EL grüne Bärenklaufrüchte
50 ml Cognac
150 g Maronen
75 g getrocknete Vogelbeeren (ersatzweise Preiselbeeren, Rosinen oder getrocknete Aprikosen)

Leberfarce:
50 g Wildschweinleber
50 g gepökelter Schweinebauch
3 EL fein gewürfelte Karotte
3 EL fein gehackte Schalotte
100 g Champignons
3 EL gehackte Petersilie oder Giersch
20 g Butter
¼ l Wildfond

1 dünne Scheibe frischer Rückenspeck (30 x 40 cm)

Am Vortag 600 g der Wildschweinschulter in dicke Streifen schneiden. Weißwein, Zucker und Orangensaft aufkochen. Den abgekühlten Sud über die Wildschweinstreifen gießen und mischen. Über Nacht ziehen lassen.
Für die Leberfarce Wildschweinleber, Schweinebauch und das Gemüse fein würfeln. Alles in der Butter andünsten. Den Wildfond dazugießen und etwa 30 Minuten köcheln lassen, bis alle Flüssigkeit verdunstet

Der Vogelbeerbaum wächst an Waldrändern oder in Lichtungen. Der Geschmack der orangeroten Beeren erinnert an Grapefruit – er ist sauer und bitter. Gekocht mit Wasser, Zucker und Zitronensaft können die Beeren wie Preiselbeerkompott serviert werden. Getrocknet sind Vogelbeeren eine wohlschmeckende Alternative zu Rosinen.

Die Waldziestblätter haben dieselbe Form wie Brennnesselblätter; der Stengel ist vierkantig. Durch Oxidation entwickelt sich ein starkes Steinpilzaroma.

ist. Fein pürieren oder durch die feine Scheibe des Fleischwolfs drehen.
Für die Grundfarce den Schweinerückenspeck und die restliche Wildschweinschulter durch die grobe Scheibe des Fleischwolfs drehen. Eier, Salz, Pfeffer, gemahlene Nelke, Orangenschale, Cognac, Maronen, Vogelbeeren und die Leberfarce gründlich daruntermischen. Die marinierten Wildschweinstreifen dazugeben.
Eine Pastetenform mit der Rückenspeckscheibe überlappend auslegen. Die Farce satt in die Form füllen, so dass keine Hohlräume entstehen. Den überhängenden Speck darüberklappen und die Form verschließen. Im vorgeheizten Backofen im Wasserbad bei 90 Grad 2 Stunden garen. In der Form erkalten lassen und im Kühlschrank mindestens 2 Tage ruhen lassen.
Die Pastete behutsam aus der Form lösen und mit einem scharfen Messer in Scheiben schneiden. Auf Portionstellern verteilen und mit einem Löwenzahnblüten-Chutney (Rezept Seite 18) servieren.

Tipp:
Die Pastete kann auch in einer dekorativen Steingutterrine zubereitet und serviert werden.
Man kann die Pastete bereichern, indem man ein leicht angebratenes Wildschweinfilet als Medaillon in die Pastetenmitte legt.
Sollte das Wildschweinfleisch besonders fett sein, kann anstatt des Schweinerückenspecks auch ausschliesslich Wildschweinfleisch verwendet werden.

»Virtuelle« und »reale« Steinpilzsuppe

Für 4 Personen

»Virtuelle« Steinpilzsuppe:
700 ml Mineralwasser
50 g Waldziest, in Streifen geschnitten
1 gehäufter TL Meersalz

4 Blätter Waldziest, in Streifen geschnitten

»Reale« Steinpilzsuppe:
250 g kleine Steinpilze, geputzt
600 ml Gemüsefond
100 ml fruchtiger Weißwein
20 g Butter
Salz, Pfeffer aus der Mühle

Für die »virtuelle« Steinpilzsuppe alle Zutaten in eine leere Mineralwasserflasche füllen und 2 Tage an einem warmen Platz (Fensterbank, Heizung) ziehen lassen. Durch ein Sieb in einen Topf gießen. Leicht erwärmen, aber nicht kochen und mit Salz abschmecken. In kleine Suppentassen füllen und mit Waldziest garnieren.
Für die »reale« Steinpilzsuppe die Steinpilze halbieren. Den Gemüsefond mit dem Wein aufkochen. Die Steinpilze 2 Minuten im Sud garen, dann herausnehmen, gut abtropfen lassen und in der heißen Butter anbraten. Mit Salz und Pfeffer würzen.
Die Suppe erhitzen und abschmecken.
In große, vorgewärmte Suppentassen gießen und die Steinpilze gleichmäßig über die Suppe verteilen.

Ofengemüse mit Barbarakraut-Vinaigrette

Barbarakraut schmeckt ähnlich wie Kresse, daher auch der Name Pferdekresse. Der würzig-scharfe Geschmack kommt gut in herzhaften Zubereitungen zur Geltung, zum Beispiel anstatt geriebenem Meerrettich in geschlagener Sahne als Dip, zu Rindfleisch oder Fondue.

Für 4 Portionen

1 schwarzer Rettich mit 1 TL Korianderkörnern
1 Kohlrabi, mit 1 Nelke gespickt
1 Pastinakenwurzel (ca. 300 g) mit 1 TL Espelette-paprika
1 Steckrübe (ca. 300 g.) mit 1 TL Kümmel
1 Rote Bete (Rande) mit 1 TL frisch gemahlenem Szechuanpfeffer
2 Karotten (ca. 300 g) mit 1 TL Sumach
2 blaue Kartoffeln mit geriebener Muskatnuss
1 kleine Sellerieknolle mit 1 Chilischote
1 Speiserübe (Navet) mit 1 TL Senfkörnern
2 Zwiebeln mit 1 TL Korianderkörnern

Barbarakraut-Vinaigrette:
40 g Barbarakraut
50 ml Weinessig
100 ml Olivenöl
Meersalz, Pfeffer aus der Mühle

Fleur de Sel

Das Gemüse waschen und putzen, aber nicht schälen. Mit dem jeweils angegebenen Gewürz würzen und einzeln in Alufolie wickeln. Bei 160 Grad im vorgeheizten Backofen garen. Nach 20 Minuten prüfen, ob das erste Gemüse gar ist und herausnehmen, dann alle weiteren 10 Minuten mit einer Spicknadel den Garzustand prüfen und das fertig gegarte Gemüse aus dem Ofen nehmen.
Für die Vinaigrette die Barbarakrautblätter von den Stielen streifen. Die Stiele im Weinessig auskochen, abkühlen lassen und den Essig durch ein Sieb gießen. Die Barbarakrautblätter mit dem Essig und dem Öl pürieren, durch ein Sieb streichen und mit Salz und Pfeffer abschmecken.

Das lauwarme Gemüse aus der Alufolie nehmen, schälen und in Spalten oder Viertel schneiden (von jedem Gemüse 10–15 g pro Person). Sternförmig auf vier Portionsteller verteilen, die Rote Bete zuletzt dazulegen, da sonst ihr Saft die Teller und das übrige Gemüse verfärbt.
Das Gemüse mit der Barbarakraut-Vinaigrette beträufeln und mit etwas Fleur de Sel bestreuen.

Tipp:
Für einen delikaten und intensiven Geschmack am besten Bio-Gemüse verwenden. Darübergehobelte Trüffelspäne machen dieses Gericht besonders raffiniert.

Kaninchenrücken mit orientalischem Rucola

Die üppig wachsenden jungen Blätter des orientalischen Rucola (Bunias orientalis) sind pikant und schmecken leicht nach Kohl. Sie werden als Salat angemacht oder wie Grünkohl als Gemüse gekocht.

Die eleganten zartgrünen Blätter der Knoblauchrauke mit ihrem ausgeprägten Kohl- und Knoblauchduft eignen sich für Chips, Kräuterbutter und -quark. Als Gemüse werden sie vor dem Dünsten kurz blanchiert, da sie sonst bitter schmecken.

Für 4 Personen

2 Kaninchenrücken (à 800 g) mit Knochen
1 Knoblauchzehe, fein gehackt
1 Zweig Quendel oder Thymian, Blättchen abgezupft
1 Schweinenetz
2 EL Olivenöl
100 g Röstgemüse (Zwiebel, Karotte, Sellerie), grob gewürfelt
100 ml Weißwein
¼ l Wasser
2 Tomaten
Meersalz, Pfeffer aus der Mühle

Füllung:
100 g orientalischer Rucola oder Knoblauchrauke
1 EL Butter
1 Knoblauchzehe
1 Ei
25 g geriebener Parmesan

Die Kaninchenrücken zum Füllen entbeinen: Mit einem spitzen, scharfen Küchenmesser von innen das Fleisch von den Knochen lösen. Dann die Knochen wie einen Reißverschluss abziehen.
Das Fleisch mit Salz, Pfeffer, fein gehacktem Knoblauch und Quendelblättchen würzen.
Für die Füllung den Rucola in etwas Butter andünsten. Alle Zutaten mischen und mit Salz und Pfeffer abschmecken.
Die Füllung auf die zwei Kaninchenrücken verteilen. Die Bauchlappen einschlagen und die gefüllten Kaninchenrücken jeweils in ein Stück Schweinenetz wickeln. Mit Küchengarn binden und mit Olivenöl bestreichen.
Das Röstgemüse und die Kaninchenknochen in einen Bräter geben. Die Kaninchenrücken darauf legen und im auf 220 Grad vorgeheizten Backofen 25 Minuten braten. Das Fleisch herausnehmen und warm halten.

Für die Sauce den Weißwein und das Wasser zum Röstgemüse und den Knochen gießen. Die Tomaten dazugeben und 30 Minuten kochen lassen. Die Sauce durch ein Sieb in einen Topf gießen und auf etwa 120 ml einkochen lassen. Mit Salz und Pfeffer abschmecken.
Das Küchengarn von den Kaninchenrücken entfernen. Das Fleisch in 3 cm dicke Scheiben schneiden und auf vier Teller verteilen. Mit Sauce umranden.
Dazu Polenta servieren.

Tipp:
Die Kaninchenrücken können auch auf dem Holzkohlengrill zubereitet werden. Die Sauce wird wie oben beschrieben zubereitet.

Entenbrust nach Visé-Art mit Beifuß

Beifuß ist das typische Gewürz zu Gans, nicht nur wegen der Gerbstoffe, die üppige Mahlzeiten leichter verdaulich machen, sondern auch weil er im November, wenn traditionell die Gänse geschlachtet werden, das letzte zu erntende Wildkraut ist.
Die Blätter und Samen werden getrocknet, fein gemahlen und zum Panieren von Gänse- oder Entenfleisch verwendet.

Diese Art der Geflügelzubereitung stammt aus der belgischen Stadt Visé in der Region Wallonien. Ursprünglich wird anstatt der Entenbrust eine Gans verwendet. Das Besondere an diesem Rezept: Das Fleisch bleibt aromatisch und saftig und trocknet nicht aus.

Für 4 Personen

2 Entenbrüste à 700 g, küchenfertig
¼ l Weißwein
½ l Wasser
1 Bouquet garni (mit Wildkarottenblüten, Beifuß, Pastinakenkraut, Lorbeerblatt, Thymianzweig)
Meersalz
Pfefferkörner
1 Nelke

100 g Sellerie
100 g Karotten
100 g Lauch

40 g Mehl
1 Ei, mit Salz und Pfeffer verquirlt
150 g Paniermehl, mit 40 g getrocknetem Beifuß gemischt
Gänse- oder Entenschmalz oder Sonnenblumenöl

Sauce:
2 Schalotten, fein gewürfelt
1 TL Senf
1 Knoblauchzehe, gepresst
100 ml Sahne
gehackter Beifuß
Meersalz, Pfeffer aus der Mühle

Weißwein und Wasser in einen großen Bräter gießen. Die Entenbrüste in den Bräter legen, die Flüssigkeit aufkochen und abschäumen. Bouquet garni, Salz, Pfefferkörner und Nelke dazugeben und im Backofen bei 75–80 Grad etwa 1 Stunde langsam garen.

Das Gemüse in etwa 8 cm lange Stäbchen schneiden und nach 30 Minuten zum Fleisch geben. 10 Minuten mitgaren, herausnehmen und auf einer Platte abkühlen lassen.
Die Entenbrüste in der Brühe abkühlen lassen.
Zum Panieren die portionierten Entenbrüste zuerst in Mehl wälzen, dann im gewürzten Ei und abschließend in der Beifuß-Paniermehl-Mischung wenden. Das Schmalz in einer Pfanne erhitzen und die Entenbrüste darin knusprig braten.
Für die Sauce den Garfond in einen Topf füllen und auf die Hälfte einkochen lassen. Schalotten, Senf, Knoblauch und Sahne dazugeben. Mit Beifuß, Pfeffer und Salz würzen.
Das vorgegarte Gemüse kurz vor dem Servieren in Schmalz schwenken und zusammen mit der Sauce zur Entenbrust servieren.

Hirsch mit Jus von Wildkarottensamen

Für 4 Portionen

800 g Hirschkalbsrücken oder Hirschkalbsnuss (aus der Keule)
100 g Butter
1 EL Öl
Meersalz, Pfeffer aus der Mühle

Wildkarottenjus:
100 g frische Wildkarottensamen (Früchte)
¼ l Wasser
125 g Butter
1 TL Zitronensaft
Meersalz

4 kleine zarte, frische Wildkarottendolden
Öl zum Frittieren
Salz

200 g Karotten, in feine Streifen (Julienne) geschnitten
4 halbe Birnen in Eisenkrautessig (siehe Rezept unten), erwärmt

Das Hirschfleisch in vier dicke Scheiben (Medaillons) schneiden. In der heißen Butter-Öl-Mischung scharf anbraten. Mit Salz und Pfeffer würzen. Etwa 8 Minuten im auf 220 Grad vorgeheizten Backofen rosa braten. Warm halten.
Für den Jus die Wildkarottensamen mit dem Wasser aufkochen. Etwa 20 Minuten ziehen lassen, dann durchsieben. Den Sud auf 50 ml einkochen. Mit kalten Butterstückchen cremig aufschlagen. Mit Salz und Zitronensaft abschmecken.
Für die Garnitur die Wildkarottendolden bei mittlerer Hitze knusprig frittieren. Auf einem Küchenpapier abtropfen lassen und mit etwas Salz bestreuen.
Als Beilage die Karottenstreifen in etwas Walnussöl dünsten.
Den Wildkarottenjus als Spiegel auf vier Teller gießen. Die erwärmten Birnenhälften in Fächer schneiden und mit den gedünsteten Karotten auf dem Jus anrichten. Die in jeweils drei Scheiben geschnittenen Hirschmedaillons darauflegen und das Fleisch mit etwas Meersalz bestreuen. Mit den Wildkarottendolden garnieren.

Birnen in Eisenkrautessig

Eine hervorragende Beilage zu Wildterrinen, Wildgerichten (Reh, Hirsch, Wildschwein) oder Aufschnitt. Anstelle des Eisenkrauts kann man dafür auch Stengel, Blüten sowie Wurzeln der Engelwurz verwenden.

Eisenkrautessig:
½ l Weißweinessig
2 EL Eisenkraut

4 Birnen
1 EL Zucker
150 ml Eisenkrautessig

Den Essig und das Eisenkraut in eine Flasche füllen und vier Wochen ziehen lassen.
Die Birnen schälen, dabei den Stiel stehen lassen. Halbieren und entkernen. Die Früchte rosettenförmig in einen Topf schichten. Mit dem Zucker bestreuen. Den Eisenkrautessig darübergießen und die Birnen 30 Minuten zugedeckt bei kleiner Hitze garen.
Den Deckel abnehmen und noch so lange weiterkochen, bis der Sud eine sirupartige Konsistenz hat. Hin und wieder den Topf schwenken.
In Gläser mit Schraubverschluss gefüllt halten sich die Birnen im Kühlschrank 2–3 Wochen. Durch Sterilisieren (Einmachen) können sie länger haltbar gemacht werden.

Das Eisenkraut – in meinen Rezepten verwende ich die Sorte Duftverbene (Lippia triphylla) – kommt ursprünglich aus Chile und wächst wild im Mittelmeerraum. Feine Kräuterteemischungen werden häufig durch das zarte Zitronenaroma der Duftverbene abgerundet.

Taube mit »wilden« und »zahmen« Karotten

Die ätherischen Öle in den zarten Früchten der Wildmöhre duften nach Birne. Ich verwende sie zum Würzen von Sirup, Saucen, Desserts mit Birnen oder eingelegten Essigbirnen. Das zarte Kraut macht aus einer Karottensuppe eine interessante grüne Wildkräutersuppe.

Für 4 Personen

4 Taubenkeulen, ausgelöst bis auf den Beinknochen
4 Samendolden von der Wildmöhre (grüne Samen)
1 TL Zucker
1 TL Rapsöl

4 Taubenbrüste, ausgelöst und gehäutet
Meersalz, Pfeffer aus der Mühle, Zucker
1 TL Weinessig
4 Zweige wilder Thymian (Quendel), Blättchen abgezupft
50 g Gänsestopfleber (oder Geflügelleber)
2 EL Rapsöl
2 mittelgroße Beinwellblätter

2 große Kartoffeln, festkochend
Salz, Muskatnuss

Karottentörtchen:
125 g Karotten
50 g Butter
1 Prise Salz
1 Prise Zucker
48 kleine Karottenscheiben
4 Karottenstreifen, längs geschnitten (1 mm dick, 12 cm lang, 2 cm breit)

Grüne Wildmöhrensauce:
60 g Wildmöhrenkraut
10 g Butter
½ Knoblauchzehe, gepresst
Salz, Zucker

Karottenchips:
4 hauchdünne, längs gehobelte Scheiben Karotte
1 TL Olivenöl
feines Meersalz

Die Taubenkeulen bereits am Vortag mit Salz, Pfeffer, Zucker und mit den grünen Samen von einer Wildmöhrendolde würzen. Mit dem Knochen nach oben wie eine Birne formen. Die Außenseite mit etwas Rapsöl bestreichen, salzen und pfeffern. Jede Keule einzeln in Alufolie einwickeln. Einen Tag im Kühlschrank durchziehen lassen.
Die vier eingepackten Taubenkeulen in einen Kochtopf mit Dämpfeinsatz legen und etwa 2 Stunden bei kleiner Hitze garen. Kurz vor dem Servieren auspacken und in Rapsöl knusprig braten.
Die Taubenbrüste mit Salz, Pfeffer, Zucker, Weinessig und Thymianblättern würzen.
Die Stopfleber in zwei daumendicke Stücke schneiden, mit Salz und Pfeffer würzen und auf die Innenseite von zwei Taubenbrüsten legen. Die beiden anderen Taubenbrüste darauf legen und zu zwei Rollen (von etwa 5 cm Durchmesser und 8 cm Länge) formen. Mit Küchengarn umwickeln und in heißem Rapsöl von allen Seiten etwa 3 Minuten leicht anbraten. Abkühlen lassen.
Die Beinwellblätter mit einem Nudelholz überrollen, so dass sie weich werden. Das Küchengarn von den Taubenbrustrollen entfernen und diese in die Blätter einwickeln.
Die Kartoffeln auf dem Gemüsehobel in feine Stifte schneiden und wässern. Das Wasser abschütten und dabei die Kartoffelstärke auffangen. Die Kartoffelstifte gut ausdrücken und die Stärke dazugeben.
In einer beschichteten Pfanne aus den Kartoffelstiften etwa ½ cm dick zwei Rechtecke formen (je nach Größe der Taubenbrustrollen, etwa 20 × 8 cm), mit einer Gabel festdrücken und wie Rösti backen. Mit Salz und Muskatnuss würzen. Die zwei Taubenbrustrollen darin einrollen. Kurz vor dem Servieren im vorgeheizten Backofen bei 180 Grad 6 Minuten backen, danach noch 5 Minuten ruhen lassen.
Für die Sauce das Wildmöhrenkraut in kochendem Salzwasser mit einer Prise Natron blanchieren. Abtropfen und abkühlen lassen. Fein pürieren und durch ein Sieb streichen. Die Butter und den Knoblauch

darunterrühren und mit Zucker und Salz abschmecken.
Für die Karottentörtchen die Karotten schälen und in Scheiben schneiden. In etwas heißer Butter weich dünsten. Mit der restlichen Butter fein pürieren. Nochmals erhitzen, bis ein festes Püree entsteht. Vier feuerfeste Förmchen (5 cm Durchmesser) gut ausbuttern. Den Boden mit Karottenscheiben, die Ränder mit -streifen auslegen. Das Püree einfüllen. Kurz vor dem Servieren 5 Minuten in einem Topf mit Siebeinsatz über dem heißen Wasserdampf erwärmen.
Die Karottenscheiben für die Chips kurz blanchieren. Mit etwas Olivenöl bestreichen, auf ein Backblech legen und mit Salz bestreuen. Bei 80 Grad im Backofen etwa 1 Stunde trocknen lassen, bis die Chips knusprig sind.
Die Taubenbrustrollen halbieren und auf vier vorgewärmte Teller legen. Dazu je eine Taubenkeule und ein Karottentörtchen mit einem Karottenchip anrichten. Die Wildmöhrensauce punktförmig auf die Teller verteilen.

Tipp:
Eine interessante Variante zur Herstellung des Karottenpürees: Die gewaschenen ungeschälten Karotten einzeln in Alufolie wickeln und im Backofen etwa 1 Stunde garen (siehe Rezept Ofengemüse, Seite 112).

Hagebuttensauce

Für 4 Personen

150 g Hagebutten
1 kleine Zwiebel, halbiert und in Scheiben geschnitten
1 EL Olivenöl
1 kleiner Zweig Sellerie mit Blättern
1 Bouquet garni
1 Knoblauchzehe, gepresst
1 Bund Oregano, gehackt
Saft von ½ Zitrone
Salz
1 Msp. Chili
1 TL Zucker

Den Blütenansatz von den Hagebutten entfernen.
Die Zwiebeln und die Hagebutten im Olivenöl andünsten. Mit ½ l Wasser auffüllen. Den Sellerie und das Bouquet garni dazugeben und eine halbe Stunde köcheln lassen. Das Bouquet garni entfernen.
Die Mischung mit dem Mixstab pürieren und durch ein feines Sieb passieren. Den Knoblauch und den gehackten Oregano darunterrühren. Mit Zitronensaft, Salz, Chili und Zucker abschmecken.

Omelette surprise aux Marrons

Für 4 Personen

Maronenkrokant:
100 g Zucker
50 g Glukosezucker
100 g Maronen, grob gehackt

Vanille-Maronen-Parfait:
80 ml Wasser
200 g Zucker
8 Eigelb
300 ml Sahne, steif geschlagen
1 TL Vanilleextrakt

Biskuit:
6 Eier
200 g Zucker
200 g Mehl
60 g Butter

50 ml Grand Marnier
4 Eiweiß
1 gehäufter EL Zucker

Für den Maronenkrokant den Zucker und den Glukosezucker hell karamellisieren. Die Maronenstückchen daruntermischen. Auf ein geöltes Backblech verteilen und abkühlen lassen. Mit einem Nudelholz grob zerkleinern.
Für das Vanille-Maronen-Parfait das Wasser mit dem Zucker auf 110 Grad erhitzen. Die Eigelbe verklopfen und die heiße Zuckerlösung nach und nach daruntermischen.
So lange weiterschlagen, bis die Masse abgekühlt ist. Die steif geschlagene Sahne, Vanilleextrakt und Maronenkrokant darunterheben.
Eine Kastenform mit Klarsichtfolie auslegen. Die Parfaitmasse einfüllen und rund 6 Stunden gefrieren lassen.
Für den Biskuit die Eier mit dem Zucker über dem heißen Wasserbad aufschlagen. Nach und nach das Mehl dazusieben und unterheben. Die zerlassene Butter darunterziehen.
Eine zweite Kastenform mit etwas Butter auspinseln und mit Mehl bestäuben. Den Teig einfüllen und bei 180 Grad etwa 35 Minuten backen. Den Biskuit aus der Kastenform nehmen und längs in Scheiben schneiden.
Die Biskuitscheiben mit etwas Grand Marnier beträufeln. Das Eiweiß steif schlagen und den Zucker einrieseln lassen.
Das Parfait auf die Biskuitscheiben verteilen. Den Eischnee in einen Spritzbeutel füllen und das Parfait gleichmäßig mit dem Eischnee »versiegeln«. Sofort im sehr heißen Backofen oder unter dem Grill goldgelb überbacken. Mit dem restlichen Grand Marnier flambieren und sofort servieren.

Aus den Kastanienblüten mit ihrem ausgeprägten leicht herben Honiggeschmack wird ein Sirup hergestellt, der sich gut als Zutat in Crème brûlée oder Sabayon macht. Im Mittelmeerraum und insbesondere auf Korsika ist das aus den Kastanien gewonnene Mehl ein fester Bestandteil der Ernährung. Eine Region Korsikas verdankt den Esskastanien sogar ihren Namen. Castagniccia, eines der wichtigsten korsischen Gerichte, ist eine Polenta aus Kastanienmehl; aus dem Mehl werden aber auch Krapfen und Kekse gebacken.

Die ersten Fröste »zähmen« die Gerbsäure in der Frucht des Mispelbaums; sie wird dann mehlig und süß und kann roh verzehrt werden. Mit Honig gesüßtes Mispelmus findet in Desserts Einsatz, kann zu Wild gereicht werden und verfeinert anstelle von Äpfeln gekochten Rotkohl.

Süßes Mispel-Kartoffel-Soufflé

Für 4 Personen

Mispelmus:
1 kg Mispeln
100 g Honig

6 Eiweiß (180 g)
40 g Zucker
60 g Kartoffelpüree
100 g Apfelwürfelchen
1 Vanilleschote, ausgekratztes Mark
30 g Butter
Puderzucker

Für das Mispelmus Stiele und Blütenansatz entfernen. Die Früchte auf dem Siebeinsatz des Dampfkochtopfs etwa 15 Minuten garen. Durch ein Sieb streichen und das Mus mit Honig süßen.
Das Eiweiß steif schlagen und dabei den Zucker einrieseln lassen.
Das Kartoffelpüree mit 1 Esslöffel Mispelmus, Apfelwürfelchen und Vanillemark mischen und unter den Eischnee heben.
Vier feuerfeste Förmchen ausbuttern und 5 Minuten in den Tiefkühler stellen.
Die Förmchen zu zwei Dritteln mit der Soufflémasse füllen. Im Backofen im Wasserbad bei 150 Grad etwa 15 Minuten backen.
Mit Puderzucker bestäuben und sofort servieren.

Walnuss-»Füllhorn« mit Walnussschaum

Für 4 Personen

Walnuss-»Füllhorn«:
100 g Butter
100 g Zucker
100 g Glukose oder Honig
100 g Mehl
100 g Walnüsse, gehackt
1 Prise Salz

Walnussschaum:
60 g Walnüsse, zerstoßen
1 EL weißer Zucker
150 ml Milch
1 EL Rohrohrzucker
1 Blatt Gelatine, eingeweicht
50 g flüssige Sahne

Für das »Füllhorn« Butter, Zucker und Glukose oder Honig verrühren. Das gesiebte Mehl, die gehackten Walnüsse und das Salz darunterrühren. Aus dem Teig auf etwas Mehl eine Rolle von etwa 6 cm Durchmesser formen. 1 Stunde einfrieren, dann auf der Aufschnittmaschine oder mit einem scharfen Messer in 3 mm dicke Scheiben schneiden. Auf ein Backblech legen und bei 160 Grad etwa 15 Minuten goldgelb backen. 3 Minuten abkühlen lassen, dann die gebackenen Scheiben mit Hilfe vorgefertigter »Tüllen« (siehe Tipp Seite 102) aufrollen.
Für den Walnussschaum die Walnüsse mit dem Zucker goldbraun karamellisieren.
Mit der Milch ablöschen. Den Rohrzucker dazugeben und pürieren. Die eingeweichte Gelatine darunterrühren. Die Masse durch ein Haarsieb streichen. Die Sahne daruntermischen. In den Sahnebereiter füllen und diesen mit einer Patrone verschrauben (siehe Küchenpraxis, Seite 148). Die Flasche kräftig schütteln und etwa 4 Stunden kühl stellen.
Den Walnussschaum in die vorbereiteten »Füllhörner« spritzen.

Winter

Kartoffelspießchen mit Ackerhellerkraut und Comté-Sauce

Eine Vorspeise oder ein delikater Imbiss zu einem Glas Weißwein.

Für 4 Personen (oder 12 Spießchen)

Spieße:
48 zarte Schoten Ackerhellerkraut
48 Kartoffelwürfel (1½ x 1½ x ½ cm), aus gekochten Kartoffeln (fest kochende Sorte) geschnitten
12 Holzspießchen oder Kräuterzweige (5 cm lang)

Sauce:
200 ml Weißwein
80 g Comté oder Bergkäse
3 EL blanchierte Ackerhellerkraut-Blätter
1 TL Wiesenschaumkraut-Senf (siehe Seite 32) oder Senf
Meersalz, Pfeffer aus der Mühle

Für die Kartoffelspieße die zarten Ackerhellerkrautschoten von den Zweigen lösen. Abwechselnd mit den Kartoffelwürfeln auf die Spießchen stecken. 5 Minuten vor dem Servieren die Spieße über heißem Wasserdampf wärmen.
Für die Sauce den Weißwein aufkochen, vom Herd nehmen und etwas abkühlen lassen. Den Comté darin schmelzen. Die in feine Streifen geschnittenen Senfblätter und den Senf darunterrühren. Mit Salz und Pfeffer abschmecken. In vorgewärmte Porzellanschälchen füllen.
Pro Person je ein Schälchen Comté-Sauce mit drei Kartoffelspießchen servieren.

Bratforelle mit Bachbungensalat

Für 4 Personen

Bratforellen:
Am besten 1 Woche vor Verzehr zubereiten.
100 g Zwiebeln
100 g Karotten
50 ml Spätburgunderessig
1 Bouquet garni (Dost, Liebstöckel, Quendel,
1 Lorbeerblatt)
1 Nelke
1 gehäufter TL Meersalz
10 Pfefferkörner
4 Forellen, küchenfertig
etwas Mehl
50 ml Olivenöl

Bachbungensalat:
50 g zarte Bachbungenspitzen
2 EL Olivenöl
1 EL Spätburgunderessig
Meersalz, Pfeffer aus der Mühle

Für die Marinade Zwiebeln und Karotten in dünne Scheiben schneiden. Einige Scheiben für die Garnitur beiseite stellen. Den Essig mit dem Gemüse, dem Kräuterbouquet und den Gewürzen 5 Minuten kochen und dann leicht abkühlen lassen.
Die Forellen salzen, pfeffern und in Mehl wenden. Im heißen Olivenöl von beiden Seiten etwa 4 Minuten knusprig braten. In einen verschließbaren Behälter legen, mit der Marinade begießen und mindestens 5 Tage im Kühlschrank ziehen lassen. Die Forellen aus der Marinade nehmen, sorgfältig filetieren und auf eine Platte legen.
Die Fischgräten zusammen mit der Marinade auf ¼ l einkochen. Durch ein Sieb gießen und über die Forellenfilets verteilen. Abdecken und einen weiteren Tag ziehen lassen.

Für den Bachbungensalat Öl, Essig, Salz und Pfeffer verrühren und die Spitzen damit mischen.
Auf vier Portionsteller je zwei Forellenfilets geben. Mit den beiseite gelegten Zwiebelringen und Karottenscheiben garnieren und mit etwas Marinade begießen. Dazu den Bachbungensalat in kleinen Häufchen anrichten.

Tipp:
Weiße Süßwasserfische wie Zander, Karpfen, Saibling und Forellen wurden früher zum Konservieren in Essig eingelegt. So konnte ein großer Fang haltbar gemacht werden. Zusätzlich löste der Essig die kleinen, kalkhaltigen Gräten auf, die sonst kaum entfernt werden können. Um diese Wirkung zu erzielen, sollten die Bratforellen eine Woche vor dem Verzehr zubereitet werden.

Die Bachbunge wächst ganzjährig und bevorzugt schattige, feuchte Plätze wie die Ufer von Waldbächen. Die eleganten saftigen, hellgrünen Blätter sind reich an Vitamin C. Die beste Erntezeit für die Bachbunge ist von Oktober bis Dezember. Aus den Spitzen lässt sich ein aromatischer, knackiger Salat mit dem für die Bachbunge typischen, »erdigen« Geschmack zubereiten.

Die im Herbst geernteten pfenniggroßen, flachen Früchte des Ackerhellerkrauts erinnern geschmacklich an Senf und Käse. Im Frühjahr können die zarten Blätter roh als Salat verwendet werden.

Barbarakrautmousse

Für 4 Personen

1 Schalotte, fein gehackt
1 Knoblauchzehe, gepresst
10 g Butter
50 ml Weißwein
350 ml Sahne
2 Blatt Gelatine, eingeweicht
1 TL Senf
2 EL Barbarakraut, blanchiert
1 TL Meersalz
1 Msp. weißer Pfeffer

Schalotte und Knoblauch in der heißen Butter anschwitzen. Den Weißwein, 100 ml Sahne, die eingeweichte Gelatine und den Senf dazugeben. Mit dem Pürierstab fein pürieren, durch ein Haarsieb streichen und abkühlen lassen.
Den restlichen ¼ l Sahne cremig dick aufschlagen und mit dem Barbarakraut unter die vorbereitete Masse heben. Mit Salz und Pfeffer würzen.
Die Barbarakrautmousse passt zu Tafelspitz, Fischterrinen oder Blumenkohlsalat.

Geeister Wintersalat mit Bachbunge

Für 4 Personen

60 g Gemüsefenchel
60 g Staudensellerie
90 g Chicoree
30 g Karotten
60 g Radicchio
Saft von ½ Zitrone

Verjus-Vinaigrette:
1 Schalotte, fein gewürfelt
50 ml Olivenöl
1 TL Weißwein
2 EL Gemüsefond
1 EL Verjus (= leicht vergorener grüner Traubensaft, ersatzweise weißer Balsamicoessig)
2 EL Rotweinessig
1 TL Meersalz

50 g Bachbunge

Die Gemüse halbieren und auf der Aufschnittmaschine oder mit dem Gemüsehobel längs in dünne Scheiben schneiden. In mit Zitronensaft versetztem Eiswasser mindestens 20 Minuten ziehen lassen.
Für die Vinaigrette die Schalotte in etwas heißem Olivenöl andünsten. Mit dem Weißwein und dem Fond ablöschen. Den Verjus dazugeben und vom Herd nehmen. Den Essig und das restliche Olivenöl daruntermischen und mit Salz würzen.
Die Gemüse auf vier Tellern anrichten, mit der Verjus-Vinaigrette überziehen und mit dem Bachbungenkraut garnieren.
Dieser Salat passt gut zu Garnelen, Jakobsmuscheln oder, wie auf dem Bild, zu Meerbarbe.

Im Herbst und Winter können die Senfblätter wie Spinat gedünstet werden. Die Blütenknospen verfeinern Salate, werden wie Brokkoli gedämpft oder wie Grünkohl zubereitet.

Blumenkohlpüree mit Senfblättern und Trüffel-Carpaccio

Für 4 Personen

250 g Blumenkohl
40 g blanchierte Senfblätter
80 g Trüffel
Meersalz, Pfeffer aus der Mühle

Dressing:
Saft von ½ Zitrone
Meersalz, Pfeffer aus der Mühle
1 EL Zuckerrübenessig
5 EL Maiskeimöl
1 EL Schnittlauchröllchen

Den Blumenkohl blanchieren. 4 Blumenkohlröschen für die Garnitur beiseite legen, den restlichen Blumenkohl mit der Gabel zerdrücken und mit Salz würzen. Die Senfblätter ebenfalls blanchieren. Die Trüffel in dünne Scheiben hobeln.
Für das Dressing alle Zutaten verrühren und abschmecken.
Auf jeden Teller einen Portionierring stellen. Das Blumenkohlpüree in die Ringe verteilen und festdrücken. Je ein Blumenkohlröschen darauf legen. Mit Senfblättern und Dressing umranden. Den Außenrand der Teller mit den Trüffelscheiben belegen. Mit Salz und frisch gemahlenem Pfeffer würzen.

Kräuter-Crème-brûlée mit Löwenzahn, Sauerampfer und Brennnessel

Für 4 Personen (12 Förmchen à 50 ml Inhalt)

Crème brûlée:
Je 45 g Sauerampfer, Brennnesselspitzen und Löwenzahnblätter
1 Msp. Natron
5 Eigelb
1 Prise Salz
1 Prise Muskatnuss
½ l Sahne
15 g Butter
je 4 Blätter Sauerampfer, Brennnessel, Löwenzahn

Meerrettichsauce:
4 EL Schlagsahne
1 EL (5 g) geriebener Meerrettich
1 Eigelb
1 Prise Salz

Sauerampfer, Brennnesseln und Löwenzahn getrennt in kochendem Wasser mit Natron blanchieren, abschrecken, abtropfen lassen und fein pürieren. Die blanchierten Wildgemüse getrennt in je eine Schüssel geben. Die Eigelbe mit Salz und geriebener Muskatnuss verquirlen. Die Sahne mit der Butter erwärmen und mit der Eigelbmischung verrühren. Die Creme in drei gleichen Teilen unter die drei Wildgemüse mischen.
Die drei Kräutercremen in 12 feuerfeste Förmchen füllen. Eine Schale mit Wasser in den Backofen stellen, vorheizen und die Creme in den Förmchen darin bei 90 Grad 30 Minuten halbfest stocken lassen. Jeweils ein Wildkräuterblatt auflegen und weiter garen, bis die Creme fest ist.
In der Zwischenzeit für die Meerrettichsauce alle Zutaten verrühren.
Kurz vor dem Servieren die gestockte Creme mit der Meerrettichsauce bestreichen und mit der Lötlampe (siehe Küchenpraxis, Seite 148) gratinieren.

Pastinakensuppe mit Äpfeln und Wurzelgemüse-Chips

Die auffallende Pastinakenpflanze mit ihren symmetrisch angeordneten Blättern duftet nach Koriander und Kokosnuss. Das getrocknete Kraut ist eine interessante Würze für süße Cremen. Aus der Wurzel lassen sich leckere Gemüsechips herstellen, aber auch Suppen, Gemüsebeilagen und Rohkostsalate. Die Samen sind besonders würzig, wenn sie vorher geröstet werden. In unserer Küche verwenden wir gezüchtete biologische Pastinakenwurzeln, da sich die Wurzel der wilden Pastinake nur sehr schwer ernten lässt.

Für 4 Portionen

1 TL getrocknete Pastinakensamen
(zwischen 15. Juli und 15. August geerntet)
1 TL Korianderkörner
4 Kardamomkapseln
1 Msp. Kurkuma
1 EL Sonnenblumenöl
2 kleine Zwiebeln, in Ringe geschnitten
1 Knoblauchzehe, fein gehackt
1 haselnussgroßes Stück Ingwer, fein gehackt
300 g Pastinakenknollen, gebürstet, zerkleinert
100 ml Apfelsaft
400 ml Gemüsebrühe
1 TL Meersalz
frisch gemahlener Pfeffer
60 g Butter
1 Apfel (vorzugsweise Ananasreinette)

Wurzelgemüse-Chips:
jeweils 4 fein gehobelte Scheiben Sellerie, Karotte, Lauchzwiebel, Pastinake, Schwarzwurzel
2 EL Olivenöl
feines Meersalz

4 Zweige Pastinakenkraut, blanchiert

Pastinakensamen, Korianderkörner, die ausgelösten Kardamomsamen und Kurkuma in einer Pfanne trocken rösten und anschließend im Mörser zerstoßen.
Das Sonnenblumenöl erhitzen und die Zwiebel darin andünsten. Knoblauch, Ingwer, Pastinaken, Apfelsaft und Gemüsebrühe dazugeben. 45 Minuten köcheln lassen.
Mit Salz und Pfeffer würzen. Fein pürieren und durch ein Haarsieb streichen.

Die Gemüsescheiben für die Chips kurz blanchieren. Mit etwas Olivenöl bestreichen, auf ein Backblech legen und mit Salz bestreuen. Bei 80 Grad im Backofen trocknen lassen, bis die Chips knusprig sind.
Die Suppe kurz vor dem Servieren aufkochen und mit kalten Butterstückchen cremig aufschlagen. Die grob geraffelten Apfelstückchen auf vier Suppenteller verteilen.
Die Suppe darübergießen und mit den Wurzelgemüse-Chips und dem Pastinakenkraut garnieren.

Der Rainkohl mit seinen schlüsselförmigen Blättern und behaarten Stengeln ist sozusagen der Urahn unseres Kopfsalates. Er wächst meistens am Wegrand. Die Blüten sehen aus wie kleine Löwenzahnblüten. Die im Winter geernteten Blätter – im Sommer schmecken sie unangenehm bitter – mische ich mit Krabben und gerösteten Haselnüssen zu einem köstlichen Gemüse. Aber auch als Salat schmeckt der Rainkohl sehr gut.

Topinambursuppe mit Trüffelspänen

Für 4 Personen

250 g Topinambur, geputzt und geschält
¼ l Milch
¼ l Mineralwasser
30 g Trüffel
25 g Butter
1½ TL Meersalz
evtl. 1 TL Zucker
4 TL Trüffelöl

Den Topinambur mit Milch und Mineralwasser etwa 15 Minuten weich kochen. Im Mixer fein pürieren. 15 g Trüffel, Butter und Salz dazugeben. Eventuell mit Zucker und nochmals etwas Salz abschmecken.
Die Suppe in vier vorgewärmte Suppenteller verteilen. Am Tisch den restlichen Trüffel auf die Suppe hobeln und mit etwas Trüffelöl beträufeln.

Rainkohl mit Haselnüssen und Nordseekrabben

Für 4 Personen

Rainkohl:
250 g Rainkohl
50 g Butter
50 g Haselnüsse, gehackt
1 Schalotte, fein geschnitten
1 Knoblauchzehe, fein gehackt
1 TL Ingwerpulver
Meersalz, Pfeffer aus der Mühle

Garnelen-Krabben-Mischung:
150 g Nordseekrabben, fein gehackt
1 Stange Wildlauch oder eine Lauchzwiebel, fein geschnitten
8 Blätter Zitronenmelisse, fein geschnitten
1 TL Estragon
2 Msp. Meersalz
1 Msp. Chilipulver

Die Hälfte des Rainkohls in der Hälfte der erhitzten Butter andünsten und abkühlen lassen.
Die restliche Butter erhitzen, Haselnüsse, Schalotte, Knoblauch und Ingwer leicht anrösten. Den gedünsteten und den rohen Rainkohl dazugeben und gut mischen. Mit Salz und Pfeffer abschmecken.
Die Krabben mit den übrigen Zutaten vermischen und würzen. In einem Siebeinsatz über Dampf 8 Minuten garen.
Den Rainkohl in vier Porzellanschälchen oder wie auf dem Bild in getrocknete, gespaltene Stengel des Japanischen Knöterichs verteilen und die Krabbenmischung darauf füllen.

Sechskornrisotto mit Scharbockskraut und Scharbockskrautwurzel-Tempura

Das Scharbockskraut ist die einzige essbare Pflanze aus der Familie der Hahnenfußgewächse. Blätter, Blüten und Wurzeln erscheinen in ihrer Form sehr symmetrisch, fast schon stilisiert. Am besten schmecken die kleinen knolligen Wurzeln, die als Tempura serviert werden (siehe Rezept), und die jungen Sprossen.

Für 4 Personen

Risotto:
50 g Risottoreis (Carnaroli)
50 g Basmatireis
50 g Wildreis
50 g Grünkern
50 g Amaranth
50 g Perlgraupen
½ l Gemüsefond
3 EL Olivenöl
1 große Schalotte, gewürfelt
100 ml Weißwein
6 Safranfäden
50 g Mascarpone
50 g Parmesan, gerieben
4 EL Sahne
80 g Scharbockskraut, klein geschnitten
Meersalz, Pfeffer aus der Mühle

Scharbockskrautwurzel-Tempura:
Tempurateig (siehe Seite 36)
80 g Scharbockskrautwurzeln
½ l Öl zum Frittieren
Meersalz

4 Scharbockskrautblüten
8 Scharbockskrautblättchen

Für das Risotto über Nacht Wildreis, Grünkern, Amaranth und Perlgraupen getrennt in kaltem Wasser einweichen. Abtropfen lassen. Die eingeweichten Getreide in einen Topf geben und mit dem Gemüsefond kurz garen. 1 Esslöffel Olivenöl in einem Pfännchen erhitzen. Die gewürfelte Schalotte glasig dünsten und beiseite stellen.

In einem Gusseisentopf das restliche Olivenöl erhitzen und die drei Reissorten unter ständigem Rühren hell anrösten. Den Weißwein nach und nach dazugeben. Den Safran hinzufügen. Etwa 10 Minuten garen, dann löffelweise die Sahne darunterrühren und den Risotto weitere 10 Minuten garen, bis er dickflüssig und »al dente« ist. Mit Salz und Pfeffer würzen.
Kurz vor dem Servieren die gekochten Getreide, Mascarpone, Parmesan, die gedämpften Schalotten und das klein geschnittene Scharbockskraut unter den Risotto mischen. Mit Salz und Pfeffer abschmecken.
Für die Tempura kurz vor dem Servieren den Teig zubereiten. Die Scharbockskrautwurzeln in den Teig tauchen und im heißen Öl bei 80 Grad etwa 3 Minuten goldgelb ausbacken. Auf Küchenpapier abtropfen lassen. Mit Meersalz bestreuen. Im Backofen bei 80 Grad warm stellen.
Vier Portionierringe auf vier Teller stellen. Das Sechskornrisotto in die Ringe verteilen und fest andrücken, dann die Ringe entfernen. Mit der Tempura umranden und mit Scharbockskrautblüten und -blättern garnieren.

Zander mit Kokosnuss, Mistel und Chinakohl

Für 4 Personen

1 frische Kokosnuss
400 ml Milch
4 EL Mistelkraut (aus der Apotheke)
Meersalz, Chilipulver, Zucker
1 Eiweiß
4 Stücke Zander à 150 g
250 g Chinakohlblätter
2 EL Sonnenblumenöl

Die Kokosnuss öffnen, das Fleisch aus der Schale lösen und die Milch dabei auffangen. Das Kokosfleisch fein hobeln. Ein Drittel des Kokosfleisches mit der Kokosmilch, Milch und Mistelkraut aufkochen. Zugedeckt etwa 10 Minuten ziehen lassen, dann durchsieben und auf die Hälfte einkochen. 100 g vom übrigen Kokosfleisch dazugeben. Mit Salz, Chilipulver und Zucker abschmecken.
Das Eiweiß leicht schaumig schlagen. Den Zander mit dem Eiweiß bestreichen und eine Fischseite mit den restlichen Kokosnussspänen panieren. Die Fischstücke in einer beschichteten Pfanne in etwas Öl auf der panierten Seite etwa 12 Minuten braten.
Vom Chinakohl die Blattrippen herausschneiden, in Streifen schneiden und in heißem Öl bissfest braten, salzen. Anschließend die Blätter kurz anbraten und mit Salz würzen.
In die Mitte von vier Suppentellern die Chinakohlblätter in Häufchen verteilen. Mit den Chinakohlstreifen umranden. Die Zanderstücke mit der knusprigen Seite nach oben auf den Chinakohlblättern anrichten. Die Mistel-Kokosmilch darüber verteilen.

Kalbsfrikassee mit Waldlakritzsauce

Für 4 Personen

Frikassee:
250 g Paprika (Peperoni), rot und grün
120 g Schmalz (vom Kalb)
120 ml Olivenöl
1,2 kg Kalbsfleisch, in 1 x 1 cm große Würfel geschnitten
125 g Lauchzwiebeln, geviertelt
125 g Schalotten, fein gehackt
1 Knoblauchzehe, gepresst
1 Tomate, gehäutet, entkernt, geachtelt

Waldlakritzsauce
3–4 Wurzeln (ca. 20 g) Waldlakritz (Tüpfelfarn)
1 Msp. Kurkuma
½ TL Zucker
½ TL Salz
1 EL Wasser
1 EL Sonnenblumenöl

Chili, Meersalz, weißer Pfeffer aus der Mühle

Die Paprika in feine Streifen schneiden und im heißen Schmalz und Olivenöl kurz andünsten. Herausnehmen und auf einem Teller abkühlen lassen.
Die Kalbfleischwürfel in derselben Öl-Fett-Mischung anbraten und mit geschlossenem Deckel bei kleiner Hitze etwa 30 Minuten garen.
In der Zwischenzeit für die Sauce die Waldlakritzwurzeln fein pürieren. Kurkuma, Zucker, Salz und Wasser dazugeben. Das Öl nach und nach darunterrühren.
Lauchzwiebeln, Schalotten, Knoblauch, Tomate und die gedünsteten Paprikastreifen zusammen mit der Waldlakritzsauce zum Frikassee geben. Mit Chili, Salz und Pfeffer abschmecken.

Die Wurzel des Tüpfelfarns nenne ich auch Süßholz des Waldes oder Waldlakritz. Sie kann ganzjährig geerntet werden und hat ein erstaunlich lang anhaltendes angenehmes Aroma.

Die Mistel war Symbol und Kultpflanze der Druiden. Aufgrund ihres an Seetang erinnernden Aromas bezeichne ich sie auch als »Luftalge« und gare wegen dieses speziellen Geschmacks gerne Fisch zusammen mit den holzigen Ästchen samt Beeren und Blättern; vor dem Servieren werden diese allerdings wieder entfernt.

Gefüllte Forellen mit Labkraut-Tempura

Für 4 Personen

Füllung:
160 g Lachsforellenfilets, fein gewürfelt
1 Ei
30 g gekochter Reis
30 g Gemüsewürfel (Schalotte, Sellerie, Lauch)
1 haselnussgroßes Stück frischer Ingwer
1 Knoblauchzehe
1 EL gehacktes Labkraut
1 TL Meersalz
1 Msp. Chilipulver

2 Lachsforellen (à 250 g) mit Haut, küchenfertig, ohne Gräten
Meersalz, Pfeffer aus der Mühle
1 EL Olivenöl
60 g Labkraut
1 Prise Zucker

Labkraut-Tempura:
(Teig erst 5 Minuten vor dem Backen zubereiten!):
1 Eigelb
¼ l eiskaltes Wasser
125 g Mehl, gesiebt
1 TL Backpulver

80 g Labkraut (junge Triebe von Wiesenlabkraut)
1 l Öl zum Ausbacken
Meersalz

2 EL Rosinen-Kapern-Sauce (siehe Seite 35)

Für die Füllung der Forellen alle Zutaten gut mischen. Ein Küchenbrett mit Klarsichtfolie belegen. Eine filetierte Forelle mit der Hautseite nach unten darauf legen. Mit Salz und Pfeffer würzen. Etwas Füllung auf das Filet verteilen und mit dem zweiten Filet mit der Hautseite nach oben bedecken, so dass der Schwanz des oberen Filets auf dem Kopf des unteren Filets liegt. Salzen und pfeffern. Mit Hilfe der Folie längs einrollen und mit Küchengarn binden. Mindestens 1 Stunde im Gefrierfach fest werden lassen. Dann die Folie entfernen und die Rolle in vier Medaillons schneiden. Diese in einer beschichteten Pfanne im heißen Olivenöl bei mittlerer Hitze etwa 18 Minuten braten (oder etwa 12 Minuten sanft dämpfen).
Das Labkraut blanchieren und mit etwas Salz und Zucker abschmecken.
Für den Tempurateig alle Zutaten zu einem flüssigen Teig verrühren. Die Labkrauttriebe kurz in den Teig tauchen und in heißem Öl bei 175 Grad 1–2 Minuten goldgelb ausbacken. Auf Küchenpapier abtropfen lassen. Mit Meersalz bestreuen. Im Backofen bei 80 Grad warm stellen.
Auf die Tellermitte jeweils etwas blanchiertes Labkraut und einen Teelöffel Rosinen-Kapern-Sauce geben. Das Forellenmedaillon darauf anrichten und mit der Labkraut-Tempura garnieren.

Loup de Mer mit Topinambur-Confit und Sauerklee-Espuma

Der Sauerklee – französisch heißt er auch Pain-de-coucou, Kuckucksbrot – wächst an schattigen und meist etwas feuchten Stellen. Er ist eigentlich kein Klee, da er nicht zur Familie der Schmetterlingsblütler gehört. Wegen seiner Form und des fein-säuerlichen Geschmacks wird er gerne zum Garnieren von Desserts und Eierspeisen verwendet. In Limonade und Cocktails ist er eine überraschende Alternative zu Limetten.

Für 4 Personen

Topinambur-Confit:
400 g Topinamburknollen, geschält
4 Knoblauchzehen, gehackt
1 TL Meersalz
¼ l Sonnenblumenöl
1 Stück Ingwer (20 g), geschält, fein gewürfelt
1 EL Honig

4 Wolfsbarschfilets (Loup de Mer) à 150 g, mit Schuppen
4 EL Sonnenblumenöl
12 Topinamburblätter, ersatzweise Taubnessel
1 Msp. Natron
100 g Gemüsestreifen (Karotte, Lauch, Sellerie, Zwiebel)
Sauerklee-Espuma (siehe rechts)
Fleur de Sel

Für das Confit die Topinamburknollen, je nach Größe ganz oder halbiert, mit Knoblauch und Salz im geschlossenen Topf im heißen Sonnenblumenöl bei kleiner Hitze etwa 15 Minuten (nicht zu weich) garen. Mit einer Messerspitze prüfen. Den Topinambur abtropfen lassen, Ingwer und Honig dazugeben und warm stellen. Das Öl anderweitig verwenden.
Die Fischfilets nur auf der Hautseite in etwas Öl 8–12 Minuten knusprig braten.
Die Topinamburblätter in heißem Wasser mit Natron kurz blanchieren.
Die Gemüsestreifen kurz vor dem Servieren in heißem Öl knackig dünsten.
Das Topinambur-Confit, die Gemüsestreifen und die Topinamburblätter auf vier Teller verteilen. Die Loup-de-Mer-Filets darauf anrichten. Halbkreisförmig um das Gemüse drei Punkte Sauerklee-Espuma spritzen und mit den Sauerkleeblättchen garnieren. Den Fisch mit Fleur de Sel bestreuen.

Sauerklee-Espuma

Für 4 Personen

90 g Sauerklee
⅛ l Wasser, heiß
2 Blatt Gelatine, eingeweicht
3 Eier
1 EL Meersalz
90 ml Öl

Die Hälfte des Sauerklees im heißen Wasser blanchieren, herausnehmen und abtropfen lassen. Die eingeweichte Gelatine im Blanchierwasser auflösen und lauwarm werden lassen.
In der Zwischenzeit die Eier fünf Minuten kochen, abschrecken und schälen.
Den blanchierten Sauerklee, den restlichen frischen Sauerklee, die aufgelöste Gelatine, die gekochten Eier und das Meersalz im Mixer pürieren. Dann das Öl in einem feinen Strahl nach und nach einlaufen lassen.
Die Masse durch ein feines Sieb streichen, in den Sahnebereiter füllen und mit einer Patrone verschrauben (siehe Küchenpraxis, Seite 148). Die Flasche kräftig schütteln und etwa 4 Stunden kalt stellen. Kurz vor dem Servieren die Flasche in einem maximal 60 Grad warmen Wasserbad leicht erwärmen, dabei auf die Temperatur achten, da die Espuma sonst gerinnt und ihre hellgrüne Farbe verliert.

Tipp:
Kann auch ohne Sahnebereiter einfach als Creme serviert werden.

Kakaoblini mit »Labkraut-Kaffee«-Sabayon

Das Labkraut ist verwandt mit dem Waldmeister und mit dem Kaffeestrauch.
Die im Frühling geernteten jungen Triebe des Wiesenlabkrauts (Galium mollugo) haben roh einen intensiven Erbsengeschmack. Das dekorative Kraut ist eine feine Salatzutat.

Die Samen des Kletten- oder Kleblabkrauts (Galium aparine) werden wie Kaffee geröstet und können auch wie dieser verwendet werden, beispielsweise für ein Mokkadessert.

Die behaarten, rauhen, klebrigen Stengel wurden früher nestförmig zusammengedreht und als Einwegsieb benutzt.
Die gelben Blüten des Echten oder Gelben Labkrauts (Galium verum) werden zum Würzen in Öl eingelegt.

Für 4 Personen

Kakaoblini:
100 g Zucker
10 g frische Hefe
350 ml Milch
250 g Weizenmehl
100 g Buchweizenmehl
25 g Kakao
3 Eier
1 Prise Salz
200 g Butter, geschmolzen

Butter zum Ausbacken

Labkraut-Kaffee-Sabayon
40 g getrocknete Klettenlabkrautfrüchte
2 Eigelb
1 Ei
1 gehäufter EL Zucker (20 g)

200 g Beeren (z.B. Heidelbeeren, Himbeeren, Brombeeren, Erdbeeren) oder andere Früchte der Saison
etwas Puderzucker zum Bestäuben

Für die Kakaoblini Zucker und Hefe mit einem Esslöffel lauwarmer Milch verrühren und an einem warmen Ort gehen lassen. Weizenmehl, Buchweizenmehl und Kakao in eine Schüssel sieben. Die Eigelbe mit dem Salz, der restlichen lauwarmen Milch und der Hefe darunterrühren. Den Teig an einem warmen Ort 3 Stunden ruhen lassen. Das Eiweiß cremig aufschlagen und unter den Teig ziehen. Die geschmolzene Butter dazugeben und nochmals 30 Minuten ruhen lassen.
Die Blini in Butter bei kleiner Hitze portionsweise ausbacken.

Für das Sabayon die Klettenlabkrautfrüchte fein mahlen oder im Mörser zerkleinern. 100 ml heißes Wasser darübergießen und das Ganze dreimal umfüllen; durch die Sauerstoffzufuhr entfaltet sich das Aroma optimal. Den Labkrautsud zugedeckt lauwarm werden lassen. Durch ein Sieb in eine Schüssel gießen. Eigelbe, Ei und Zucker daruntermischen und das Ganze über dem heißen Wasserbad cremig dick aufschlagen.
Die Blini auf die Tellermitte verteilen. Mit Sabayon umranden, mit Beeren garnieren und mit Puderzucker bestäuben.

Schlehen-Dessert-Variation

Die Schlehe kann auch als »Mutter der Pflaumen« bezeichnet werden. Die Blüte hat ein ausgeprägtes Mandelaroma. Die Beeren werden nach dem ersten Frost geerntet, in Desserts oder zu »falschen« Oliven verarbeitet oder lassen sich als hochwertiger Schlehenbrand genießen. Die kleinen »Mandeln« im Schlehenstein verwende ich wegen ihres Bittermandelaromas in Desserts mit Mandeln oder zum Backen.

Schlehenblüten haben ein ausgeprägtes Mandelaroma. Sie werden Mitte April gepflückt, können im Heißluftofen (1 Stunde bei 70 Grad) getrocknet und in einem luftdichten Behälter gelagert werden. Anstatt Schlehenblüten können auch Weißdorn- oder Vogelbeerblüten verwendet werden.

Für 4 Personen

Schlehenblüten-Mandel-Creme:
75 g Mandeln, abgezogen
10 g (6 EL) Schlehenblüten
100 ml Milch
100 g Zucker
2 Eigelb
1 EL Sahne

Schlehensorbet:
125 g Schlehenmark (aus ca. 200 g Schlehen)
125 ml Wasser, lauwarm
100 g Zucker
½ Blatt Gelatine, eingeweicht

Reistörtchen:
80 g Basmatireis
¼ l Milch
1 Prise Salz
75 g Zucker
25 g Rohrzucker
1 Ei
1 Eigelb
200 ml Sahne
1 TL Schlehen-»Mandeln« (die kleinen »Mandeln« im Kern der Schlehen), gehackt
80 g Schlehenkonfitüre

Für die Schlehenblüten-Mandel-Creme die Mandeln mit den Schlehenblüten in der Milch aufkochen und ziehen lassen. Anschließend fein pürieren und mit Zucker und Eigelben über dem heißen Wasserbad cremig dick aufschlagen. Durch ein Haarsieb streichen, etwas abkühlen lassen und die flüssige Sahne darunterrühren. In Portionierringe füllen und kühl stellen.
Für das Sorbet die Schlehen mit etwas Wasser weich kochen und durch ein Sieb streichen. Auf 125 g Fruchtmark reduzieren. Die Gelatine ausdrücken und mit dem Zucker im lauwarmen Wasser auflösen. Das Schlehenmark dazugeben, abkühlen lassen und die Masse in der Eismaschine gefrieren lassen.
Für die Reistörtchen den Reis mit der Milch und einer Prise Salz aufkochen und bei kleiner Hitze kochen, bis der Reis die Milch vollständig aufgenommen hat. Zucker, Rohrzucker, Ei, Eigelb, Sahne und die gehackten Schlehen-»Mandeln« verrühren und unter den gekochten Reis mischen. Die Reismasse auf einem mit Frischhaltefolie ausgelegten Blech ausstreichen und im Backofen bei 120 Grad stocken lassen. Die Reisplatte halbieren. Die eine Hälfte mit Schlehenkonfitüre bestreichen. Die andere Hälfte daraufsetzen und das Ganze in dreieckige Stücke schneiden. Kurz vor dem Servieren die Reistörtchen mit einer Lötlampe (siehe Küchenpraxis, Seite 148) hellbraun karamellisieren.
Auf die Desserteller je ein Reistörtchen, eine Kugel Schlehensorbet und die aus den Ringen gelöste Schlehenblüten-Mandel-Creme geben. Nach Belieben mit Schokolade verzieren.

Bratapfel mit Pappelknospen und Cidre-Sabayon

Für 4 Personen

4 gleich große Äpfel (z.B. Ananasreinetten oder Boskop)
20 g Butter, flüssig
40 g Zucker
50 ml Cidre (Apfelwein)

Pappelknospenfüllung:
60 g Butter (Zimmertemperatur)
60 g Rohrzucker
1 Ei (Zimmertemperatur)
einige (3 g) Pappelknospen, fein gehackt
30 g geriebene Mandeln

Cidre-Sabayon:
50 ml Cidre (Apfelwein)
20 g Zucker
2 Eigelb
1 Ei

4 Pappelknospen als Garnitur

Die Äpfel waschen. Damit die Schale während des Backens nicht aufplatzt, mit einem Zestenreißer im Abstand von einem Zentimeter rundherum Längsstreifen der Schale abschneiden. Das Kerngehäuse mit einem Apfelausstecher herausstechen, dabei eventuell verbleibende Kerne mit einem Messer entfernen. Deckel von etwa 3 cm Höhe abschneiden (den Stiel daran lassen) und beiseite legen.
Für die Füllung Butter, Rohrzucker und Ei mit dem Handmixer schaumig schlagen. Die Pappelknospen und die Mandeln dazugeben. In die vorbereiteten Äpfel füllen und die Deckel wieder aufsetzen. Die Äpfel mit der zerlassenen Butter bestreichen und im Zucker rollen. In eine Auflaufform stellen, den Cidre dazugießen und im vorgeheizten Backofen bei 180 Grad etwa 25 Minuten garen. Mit einer Messerspitze prüfen, ob die Äpfel weich sind.

Die Garflüssigkeit in einen Topf geben und sirupartig einkochen lassen. Beiseite stellen.
Für das Sabayon alle Zutaten über einem heißen Wasserbad bei etwa 80 Grad so lange schlagen, bis die Masse in langen Spitzen am Schneebesen hängen bleibt.
Das Cidre-Sabayon in vier tiefe Teller verteilen. Je einen Apfel in die Mitte setzen und zum Garnieren eine Messerspitze in den Apfel-Cidre-Sirup tauchen und kreisförmig um die Äpfel auf das Sabayon fließen lassen. Je eine geviertelte Pappelknospe an den Stielansatz der Äpfel stecken.

Durch das Trocknen entfalten Iriswurzeln einen feinen Veilchenduft, der Desserts und Likören ein besonderes Aroma gibt. Wegen dieses typischen Geruchs wird die Wurzel häufig auch als Veilchenwurzel bezeichnet und zahnenden Kleinkindern zum Kauen gegeben.

Crème brûlée mit Iriswurzel

Für 4 Portionen

Crème brûlée:
½ l Sahne
20 g Iriswurzel (aus der Apotheke, auch als Veilchenwurzel bezeichnet)
1 Ei
4 Eigelb
100 g Rohrzucker

Die Sahne mit der Iriswurzel etwa 10 Minuten kochen. Zugedeckt beiseite stellen und ziehen lassen.
Ei, Eigelbe und Zucker schaumig schlagen. Die Iriswurzelsahne dazugießen und unter ständigem Rühren aufschlagen.
Die Creme in vier feuerfeste Förmchen verteilen. Im Backofen im Wasserbad bei 90 Grad etwa 40 Minuten stocken lassen. Die Masse soll cremig bleiben.
Kurz vor dem Servieren die lauwarme Creme in den Förmchen mit Rohrzucker bestreuen und mit einer Lötlampe (siehe Küchenpraxis, Seite 148) hell karamellisieren. In den Förmchen sofort servieren.

Crème brûlée mit Pastinakenkraut

Für 4 Personen

20 g Pastinakenkraut
¼ l Sahne
2 Eigelb
1 Ei
50 g Rohrzucker
2 EL Pastinakenkraut, in feine Streifen geschnitten

Zum Karamellisieren:
50 g Kristallzucker

Die Pastinakenblätter von den Stengeln schneiden. Die Blätter im Backofen bei 80 Grad 1 Stunde trocknen und anschließend in einem kleinen Gusseisentopf trocken anrösten. Die Sahne und die Pastinakenstengel dazugeben und aufkochen.
Eigelbe, Ei und Zucker glatt rühren. Das in feine Streifen geschnittene Pastinakenkraut dazugeben. Die heiße Sahne durch ein Haarsieb zu der Ei-Zucker-Creme gießen und unter ständigem Rühren aufschlagen.
Die Creme in Suppenteller oder flache Schälchen gießen und im Backofen im Wasserbad bei 90 Grad etwa 25 Minuten stocken lassen.
Kurz vor dem Servieren die Creme mit Kristallzucker bestreuen und mit der Lötlampe (siehe Küchenpraxis, Seite 148) hell karamellisieren.

Hinweise zur Küchenpraxis

Zum Sammeln und Ernten

– Sammeln Sie nur so viel, wie Sie benötigen.
– Sammeln Sie die Pflanzen möglichst an unbelasteten Standorten abseits von Strassen und Wegen. Ideal sind feuchte Wiesen, Bachufer und alte Obstbaumwiesen.
– Blättchen und Blüten werden am besten mit den Fingern abgeknipst. Um sich zusätzliche Arbeit zu ersparen, sortieren Sie die unbrauchbaren Pflanzenteile gleich vor Ort aus.

Zu den Mengenangaben in den Rezepten: 20 g frische Blätter entsprechen etwa einer guten Hand voll. 100 g entsprechen etwa einem Gefrierbeutel von 17 x 30 cm Größe, gut gestopft. Solche Beutel verwende ich gerne zum Sammeln, denn so können die Kräuter gleich nach Sorten getrennt verstaut werden.

Die meisten Kräuter und Blüten sind in getrockneter Form auch in der Apotheke, im Reformhaus oder im Naturkostladen erhältlich. Selbstverständlich ist dabei immer die geplante Verwendung zu beachten: für ein Salatbouquet oder für gefüllte Blüten etwa benötigen Sie natürlich frische Pflanzen. Kräuter wie Beifuß, Dost, Quendel und Waldmeister hingegen sind viel aromatischer, wenn sie vor ihrer Verwendung getrocknet wurden oder als getrocknetes Kraut gekauft werden.

Zum Vorbereiten und Konservieren

Vor allem die Pflanzen aus der Familie der Lippenblütler wie Dost (Blätter und Blüten) und Quendel (Kraut und Blüten), aber auch Pastinake (Kraut und Samen), Waldmeister (Blätter) und Klettenlabkraut (Samen) entfalten beim Trocknen ein ganz besonderes Aroma.

Zum Trocknen werden die gesammelten Wildkräuter und -pflanzen am besten großzügig, also nicht zu dicht geschichtet, auf Gitterroste verteilt. Eine gute Luftzirkulation während des Trocknens ist wichtig. Das ideale Klima im Haus bietet der Heizungsraum oder ein überdachter Balkon. Die Trocknungszeit beträgt etwa 10 Tage, in denen die Pflanzenteile immer wieder gewendet werden, damit sie nicht schimmeln. Zum Aufbewahren werden grobe Stengel entfernt, die Kräuter in Tiefkühlbeutel gefüllt und luftdicht verschlossen.

Ein Bett aus Kräuterheu (Stengel, grobe Pflanzenteile) gibt darauf gegartem Fleisch und Fisch ein einzigartiges Kräuteraroma. So steht auch das »Rinderfilet im Kräuterheu«, siehe Rezept Seite 84, seit langem ganz oben auf der Hitliste unserer beliebtesten Gerichte.

Aus den getrockneten Kräutern stelle ich auch gerne einen sogenannten Grundfond her, indem ich sie in Sahne, Milch oder Gemüsebrühe aufkoche, wie einen Tee ziehen lasse und anschließend den Fond durch ein Sieb abgieße.

In Öl einlegt, geben viele getrocknete Kräuter ihr intensives Aroma an das Öl ab. Ein solches Würzöl verwende ich beispielsweise gerne zum Aromatisieren von Rinder- oder Fischtatar oder in einer mit Eiern emulgierten Sauce.

Alle Wildgemüse, deren Blätter wie Spinat zubereitet werden, kann man in Salzwasser mit einer Prise Natron – dies, damit sie ihre leuchtend grüne Farbe behalten – kurz blanchieren und am besten in 250-Gramm-Portionen einfrieren. Da die Erntezeit der dafür geeigneten Wildpflanzen häufig sehr kurz ist, ist es ratsam, sich davon einen großzügigen Vorrat anzulegen.

Zum Kochen

Da der Geschmack einiger Wildpflanzen und -kräuter sehr intensiv ist, empfehle ich, die Kräuter vor der Verwendung einfach zu probieren und dann entsprechend dem persönlichen Geschmack zu dosieren. Die Mengenangaben in den Rezepten sind erprobt, zuverlässig und wohl ausgewogen.

Unter den wertvollen Inhaltsstoffen der Wildpflanzen, die sich besonders positiv auf den Stoffwechsel auswirken, spielen die Tannine (Gerbstoffe) eine wichtige Rolle. Sie regen die Magensaftproduktion und die Verdauung an; daher sind auch Gerichte mit Wildpflanzen besonders gut verträglich. Da die Gerbstoffe geschmacklich als leicht bitter empfunden werden, empfiehlt sich eine sorgfältige Dosierung.

Küchenutensilien

In einigen Rezepten kommen spezielle Utensilien oder Kleingeräte zum Einsatz:
– Für luftige Schaumzubereitungen aus Kräuter-, Gemüse- und Fruchtpürees verwende ich einen Sahnebereiter (ISI Gourmet Whip, Espumaspender, in der Schweiz: Kisag Rahmbläser), eine Edelstahlflasche, in der die vorbereitete Mischung mit Druckluft zu einem besonders luftigen Schaum wird. Dabei wird ein Drittel weniger Sahne als in konventionellen Moussezubereitungen benötigt. Die so zubereiteten Schäume sind fettarm und trotzdem sehr geschmacksintensiv, da durch die große Oberfläche des Schaums die Geschmacksknospen optimal angesprochen werden.
Wichtig: Der Durchmesser des inneren Ventils des Sahnebereiters darf nicht zu klein sein, damit der Ausgang nicht verstopft. Aus diesem Grund werden auch die Zutaten vor dem Einfüllen in die Druckflasche immer durch ein Haarsieb gestrichen.
– Optimal knusprig karamellisiert, ohne dabei das Gericht darunter zu erwärmen, wird die Zuckerschicht auf Cremen, Desserts oder Törtchen mit einer Lötlampe (Gasbrenner; im Bau- und Hobbymarkt sowie in gut sortierten Haushaltwarengeschäften erhältlich).

Danksagung

Für die vielen Anregungen und Informationen und die Hilfe kann ich gar nicht allen danken, die mich bei den Vorbereitungen zu diesem Buch unterstützt haben.

Mein besonderer Dank aber gilt:

- Colette Dumaine, meiner Ehefrau, die meine Arbeit immer unterstützt und die oft noch in letzter Minute die benötigten Kräuter findet oder herbeizaubert; sie ist die »gute Seele« unseres Restaurants.
- Alexandra und Nicolas, meinen Kindern, die mit dem Geschmack und dem Duft der Kräuter schon von Kindesbeinen an vertraut sind, und ihren Familien, die den Umgang mit den Kräutern schnell und gerne gelernt haben.
- Michaela Modzel, meiner langjährigen Assistentin und Beraterin, die es immer wieder versteht, mich »wildes Kraut« zu zähmen und mich dabei unterstützt, meine Ideen und Gedanken umzusetzen.
- Dem »Vieux Sinzig«-Team in der Küche und im Service, das mir dabei hilft, neue Rezepte und Gerichte zu kreieren und sie zu delikaten Kompositionen für Gaumen und Auge zu machen, um diese dann kompetent und freundlich in unserem Restaurant zu präsentieren.
- Urs Hunziker vom AT Verlag, der sich von meinen Ideen zu einem Wildpflanzen-Kochbuch überzeugen ließ, und allen AT-Mitarbeiterinnen und -Mitarbeitern, die mit Kompetenz und Freundlichkeit an dem vorliegenden Buch gearbeitet haben.
- Dem Fotografen Andreas Thumm, mit dem zusammenzuarbeiten mir eine große Freude war, vor allem wegen seines einfühlsamen Blickes durch die Kamera und seiner Unkompliziertheit während der Fotoshootings.
- Professor Wilhelm Barthlott und Dr. Wolfram Lobin von der Botanischen Fakultät der Universität Bonn, die mich mit ihrer Begeisterung für meine Wildpflanzenküche stets aufs Neue motivieren und durch ihre interessanten Informationen meine Lust am Experimentieren mit neuen Pflanzen wecken.
- Allen Gästen und WDR-Radiohörern, von denen viele uns seit nunmehr 25 Jahren die Treue halten und die gerne und beständig bereit sind, sich auf ungewohnte Geschmackserlebnisse einzulassen; durch ihre Freude halten sie auch meine Begeisterung für die Wildpflanzen und Wildkräuter und ihre Verwendung in der Küche aufrecht.
- Gott, dem Schöpfer der Natur, der uns uneingeschränkt ihre Schätze zur Verfügung stellt, und der Natur selbst, die mir unendliche Kraft schenkt.

Pflanzenverzeichnis

Einige Pflanzen können je nach Standort zu verschiedenen Jahreszeiten gepflückt werden.

Deutscher Name Botanischer Name Familie	Verwendete Teile und Erntezeit
Ackerhellerkraut 124, 125 *Thlaspi arvense* *Brassicaceae*	zarte Blätter im Frühjahr Früchte im Herbst
Akazie (Robinie) 29 *Robinia pseudo-acacia* *Fabaceae*	Blätter und Blüten Anfang bis Mitte Mai Samen im Spätsommer
Amaranth, Zierfuchs-schwanz 78 *Amaranthus caudatus* *Amaranthaceae*	Blätter im Frühjahr und Anfang des Sommers Samen Ende August
Bachbunge 125, 126 *Veronica beccabunga* *Scrophulariaceae*	Blatttriebe ganzjährig
Baldrian *Valeriana officinalis* *Valerianaceae*	zarte Blätter von Frühjahr bis Herbst Blüten im Sommer, Samen und Wurzeln im Winter oder getrocknet aus der Apotheke
Barbarakraut 112, 126 *Barbarea vulgaris* *Brassicaceae*	Blätter und Blütenknospen im Frühjahr, Herbst und Winter (traditioneller Erntetag: 4.12., Barbaratag)
Bärenklau 30, 39 *Heracleum sphondylium* *Apiaceae*	zarte Stiele und Blätter im Frühjahr Blütenknospen im Sommer grüne Samen Anfang Sommer und Herbst **Vorsicht:** Zum Sammeln Wegwerfhandschuhe verwenden, da es bei Berührung zu phototoxischen Hautreaktionen kommen kann.
Bärlauch 12, 26 *Allium ursinum* *Alliaceae*	Blütenknospen und Blätter im Frühjahr grüne Früchte im Sommer
Beifuß 116 *Artemisia vulgaris* *Asteraceae*	zartes Kraut im Frühjahr Blüten ab August ausgewachsenes Kraut im Herbst
Beinwell 33 *Symphytum officinale* *Boraginaceae*	Blätter, Stengel, Blütenknospen im Frühjahr und im Herbst
Brennnessel 14, 38, 53, 128 *Urtica dioica* *Urticaceae*	zarte Blätter fast ganzjährig Samen der weiblichen Pflanzen im Sommer
Brombeere 96 *Rubus fruticosus* *Rosaceae*	Rankentriebe im Frühjahr Blätter im Sommer Beeren im Spätsommer

Bachbunge

Barbarakraut

Buche, Bucheckern 106 *Fagus sylvatica* *Fagaceae*	Blätter im Frühjahr Bucheckern im Herbst
Calamintha, Bergminze 59 *Calamintha nepeta* *Lamiaceae*	Blätter Frühjahr bis Herbst
Dost 22, 79, 109 *Origanum vulgare* *Lamiaceae*	zarte Blättchen im Frühjahr Blüten im Sommer ertrocknete Blüten im Herbst (Kräuterheu!)
Edelkastanie 106, 109, 121 *Castanea sativa* *Fagaceae*	Blüten im Sommer Kastanien im Herbst
Eisenkraut 117 *Lippia triphylla* *Verbenaceae*	zarte Triebe und Blätter von Frühjahr bis Herbst
Engelwurz 117 *Angelica archangelica,* *Angelica sylvestris* *Apiaceae*	Stengel und Blüten im Sommer Wurzel im Winter
Esche 56 *Fraxinus excelsior* *Oleaceae*	Blätter, zarte Schoten und Früchte im Juli/August
Farn, Tüpfelfarn, Waldlakritz 82, 135 *Polypodium vulgare* *Polypodiaceae*	Wurzel ganzjährig
Feldklee 88 *Trifolium pratense* *Fabaceae*	Blätter und Blüten im Sommer
Feldthymian, Quendel 90 *Thymus pulegioides* *Lamiaceae*	zarte Zweige und Blüten Frühjahr bis Herbst Feldthymian ist zu Beginn der Blüte am feinsten.
Felsenbirne 96 *Amelanchier canadensis* *Rosaceae*	Früchte im Sommer
Fetthenne	siehe Sedum
Fichte, Tanne 54 *Picea abies* *Pinaceae*	junge Triebe im Frühjahr
Flieder 43 *Syringa vulgaris* *Oleaceae*	Blüten im Frühjahr
Franzosenkraut 82 *Galinsoga parviflora* *Asteraceae*	Triebe und Blüten im Sommer und Herbst

Tüpfelfarn

Schwarzer Holunder

Huflattich

Gamander 56 *Teucrium scorodonia* *Lamiaceae*	Blätter, Stengel und Samen im Herbst
Gänseblümchen 30 *Bellis perennis* *Asteraceae*	Blätter und Blüten im Frühjahr, Herbst und Winter
Gänsefuß, weißer 62, 97 *Chenopodium album* *Chenopodiaceae*	Blüten und Samen im Sommer
Giersch oder Geißfuß 34, 75 *Aegopodium podagraria* *Apiaceae*	Blätter im Frühjahr und Herbst grüne Samen im Sommer (zum Würzen, getrocknet und geröstet)
Glockenblume 63 *Campanula spp.* *Campanulaceae*	Blüten im Frühjahr und Sommer Wurzeln (getrocknet auch im Asienladen erhältlich)
Gundelrebe, Gundermann 28 *Glechoma hederacea* *Lamiaceae*	Blätter ganzjährig Blüten Frühjahr bis Herbst
Hagebutte, Rose 108, 120 *Rosa canina* *Rosaceae*	Blüten im Sommer Früchte im Herbst
Hirtentäschel 14 *Capsella bursa-pastoris* *Brassicaceae*	junge Blätter und zarte Blütentriebe im Frühjahr, Herbst und Winter
Holunder, Schwarzer und Roter 40, 100 *Sambucus nigra* *Sambucus racemosa* *Caprifoliaceae*	Beeren im Spätsommer und Herbst
Holunderblüten 8, 40 *Siehe Holunder*	im Frühjahr
Hopfen 16, 23, 32 *Humulus lupulus* *Cannabaceae*	zarte Triebe und Blätter im Frühjahr Blüten (»Zapfen«) im Sommer
Huflattich 17, 38 *Tussilago farfara* *Asteraceae*	Blüten Ende des Winters Blätter im Frühjahr
Iriswurzel 146 *Iris florentina* *Iridaceae*	im Herbst (getrocknet auch in der Apotheke erhältlich)
Johanniskraut 66 *Hypericum perforatum* *Clusiaceae*	zartes Kraut im Frühjahr Blüten im Sommer (Johannistag: 24. Juni)
Kamille 86 *Matricaria discoidea* *Asteraceae*	Kraut im Frühjahr und Herbst Blüten im Sommer

Kapuzinerkresse 74 *Tropaeolum majus* *Tropaeolaceae*	Blütenknospen im Frühjahr und Sommer Blüten im Sommer und Herbst Blätter im Frühjahr und Herbst
Kastanie 121 *Castanea sativa* *Fagaceae*	Blüten im Sommer (für honigähnlichen Sirup) Früchte im Herbst
Klatschmohn 60 *Papaver rhoeas* *Papaveraceae*	Blüten und Samen im Sommer Kraut im Winter
Klette 35 *Arctium lappa* *Asteraceae*	Stengel (geschält) im Frühjahr Blätter im Sommer
Knoblauchrauke 114 *Alliaria petiolata* *Brassicaceae*	Blätter und Blütenknospen im Frühjahr
Knöterich, Japanischer 48, 101 *Fallopia japonica* *(Reynoutria japonica)* *Polygonaceae*	junge Triebe im Frühjahr zarte Blätter im Sommer holzige Röhren im Spätsommer (als »Löffel« oder originelle Vase)
Knöterich, Wiesen- 10, 71 *Polygonum bistorta* *Polygonaceae*	zarte Blätter im Frühjahr und Sommer
Kohldistel 68 *Cirsium oleraceum* *Asteraceae*	Blätter im Frühjahr
Kornelkirsche 71 *Cornus mas* *Cornaceae*	Früchte im Sommer
Labkraut 136, 140 *Galium spp.* *Rubiaceae*	junge Triebe des Wiesenlabkrautes im Frühjahr Blüten des Echten Labkrautes im Sommer Samen des Klettenlabkrautes im Herbst
Linde, Echte 93, 94 *Tilia* *Tiliaceae*	zarte Blätter im Frühjahr Blüten im Sommer
Löwenzahn 18, 44, 79, 128 *Taraxacum officinale* *Asteraceae*	zarte Blätter aus der Mitte der Blattrosette von Frühjahr bis Herbst, Blüten im Frühjahr Wurzel ganzjährig
Lungenkraut 26 *Pulmonaria officinalis* *Boraginaceae*	Blätter im Frühjahr und Herbst
Mädesüß 101, 102 *Filipendula ulmaria* *Rosaceae*	Blüten im Sommer und Blätter im Frühjahr

Löwenzahn

Pastinake

Malve 72, 102 *Malva spp.* *Malvaceae*	Blütenknospen im Sommer und Herbst Blüten im Sommer und Herbst Blätter fast ganzjährig Wurzeln nach der Blütezeit im Herbst (getrocknet in der Apotheke erhältlich)
Margerite 12 *Chrysanthemum spp.* *Asteraceae*	Blütenknospen im Frühjahr und Sommer zarte Blätter im Frühjahr und Herbst
Mispel 122 *Mespilus germanica* *Rosaceae*	Früchte im November, direkt nach dem ersten Frost
Mistel 135 *Viscum album* *Viscaceae*	Zweige mit Früchten im Winter
Nachtkerze 35 *Oenothera biennis* *Onagraceae*	Blüten im Sommer Samenschoten (als »Kapern«) zu Herbstanfang
Natternkopf 26 *Echium vulgare* *Boraginaceae*	tiefblaue Blüten und zarte Blätter von Frühjahr bis Herbst
Pappel 47, 144 *Populus spp.* *Saliaceae*	Blätter im Sommer Knospen im Herbst
Pastinake 130, 146 *Pastinaca sativa* *Apiaceae*	Kraut im Frühjahr und Herbst Samen im Sommer im Winter Wurzel im Naturkostladen erhältlich **Vorsicht:** Zum Sammeln Wegwerfhandschuhe verwenden.
Pfennigkraut 80 *Lysimachia nummularia* *Primulaceae*	zarte Triebe im Frühjahr und Herbst
Pimpernelle 52 *Sanguisorba minor* *Rosaceae*	Blätter Frühjahr bis Herbst Kräuterheu im Sommer
Postelein, Portulak (Winterportulak) 103 *Montia perfoliata* *Portulacaceae*	Blätter im Winter und Frühjahr
Primel, Schlüsselblume 20 *Primula veris* *Primulaceae*	Blüten und Blätter im Frühjahr
Rainfarn 75 *Tanacetum vulgare* *Asteraceae*	Blätter im Frühjahr Blüten im Sommer
Rainkohl 132 *Lapsana communis* *Asteraceae*	zarte Blätter im Herbst und Winter

Reseda, gelb 76 *Reseda lutea* *Resedaceae*	Kraut im Frühjahr Blüten im Sommer
Ringelblume 56, 58 *Calendula spp.* *Asteraceae*	zarte Blätter und Blütenknospen im Sommer und Herbst
Rucola, Orientalischer 114 *Bunias orientalis* *Brassicaceae*	Blätter im Sommer und Herbst
Rumex 76 *Rumex alpinus* *Polygonaceae*	zarte Stengel und Blätter im Frühjahr und im Herbst
Sauerampfer 80, 128 *Rumex acetosa* *Polygonaceae*	Blätter im Frühjahr und Herbst Blüten im Sommer
Sauerklee 138 *Oxalis acetosella* *Oxalidaceae*	Blüten im Sommer Blätter ganzjährig
Schafgarbe 56, 91 *Alchemilla millefolium* *Asteraceae*	Kraut im Frühjahr und Herbst trockene Blüten im Herbst
Scharbockskraut 134 *Ranunculus ficaria* *Ranunculaceae*	junge Triebe und Wurzeln Ende Winter, Anfang Frühjahr
Schlehe 71, 142 *Prunus spinosa* *Rosaceae*	Blüte im Frühjahr Früchte im Herbst
Sedum (Fetthenne) 36, 78 *Sedum telephium, Sedum reflexum* *Crassulaceae*	Blättchen fast ganzjährig, Frühjahr bis Spätherbst
Senf 128 *Sinapis arvensis (Ackersenf)* *Brassica nigra (schwarzer Senf)* *Brassicaceae*	Blätter im Herbst und Winter gelbe Blüten im Herbst
Spargel, grün 31, 32 *Asparagus officinalis* *Asparagaceae*	Mai/Juni
Spitzwegerich 9, 34 *Plantago lanceolata* *Plantaginaceae*	Blätter im Frühjahr Blütenknospen Ende des Frühjahrs
Steinklee, Weißer und Echter (gelber) 104 *Melilotus albus,* *Melilotus officinalis* *Fabaceae*	Blätter im August und September

Ringelblume

Schlehe

Vogelbeere

Waldmeister

Stiefmütterchen 62 *Viola tricolor* *Violaceae*	Blüten und zarte Blätter Frühjahr bis Spätherbst (bei milden Temperaturen sogar im Winter), in bergigen Regionen auch im Sommer
Taubnessel, Weiße und Rote 22, 24 *Lamium album,* *Lamium purpureum* *Lamiaceae*	Blätter, Stengel, Blüten fast ganzjährig
Topinambur 37, 132, 138 *Helianthus tuberosus* *Asteraceae*	Blätter im Frühjahr Blütenknospen im Sommer Knollen im Herbst und Winter
Tripmadam	siehe Sedum
Veilchen 48, 50 *Viola odorata* *Violaceae*	Blüten im Frühjahr Blätter fast ganzjährig
Vogelbeere 64, 109 *Sorbus aucuparia, Sorbus aucuparia moravica* *Rosaceae*	Beeren im Spätsommer
Vogelmiere 27, 64 *Stellaria media* *Caryophyllaceae*	zartes Kraut fast ganzjährig
Waldlakritz	siehe Farn
Waldmeister 50 *Galium odoratum* *Rubiaceae*	Blätter im Frühjahr
Waldziest 110 *Stachys silvatica* *Lamiaceae*	Blätter im Sommer und Herbst
Walnuss 66, 92, 93, 122 *Juglans regia* *Juglandaceae*	Blütensprossen im Frühjahr grüne Nüsse am Johannistag (24. Juni) Blätter im Sommer Nüsse im Herbst
Wassermiere, Wasserdarm 27, 80 *Stellaria aquatica* *Caryophyllaceae*	zartes Kraut im Sommer und Herbst
Wasserminze 58 *Mentha aquatica* *Lamiaceae*	zartes Kraut und Triebe im Sommer und Herbst
Wasserpfeffer 82 *Polygonum hydropiper* *Polygonaceae*	zarte Triebe im Sommer und Herbst

Wegwarte 94 *Cichorium intybus* *Asteraceae*	Wurzel im Herbst Blüten (zum Garnieren und Kandieren) im Spätsommer
Weidenröschen 21 *Epilobium angustifolium* *Onagraceae*	junge, zarte Triebe im Frühjahr
Weinberglauch *Allium vineale* *Alliaceae*	Weinberglauch im Frühjahr
Weinbergschnittlauch 53 *Allium scorodoprasum* *Alliaceae*	Weinbergschnittlauch fast ganzjährig die kugeligen Samendolden im Sommer
Weißdorn 9, 42 *Crataegus spp.* *Rosaceae*	Blüten und Blätter im Frühjahr Früchte im Herbst
Wicke (Wald-Platterbse) 31 *Lathyrus sylvestris* *Fabaceae*	zarte Triebe und Blüten im Frühjahr und Sommer
Wiesenbocksbart 23 *Tragopogon pratensis* *Asteraceae*	Sprossen und Blätter im Frühjahr
Wiesenkerbel 21 *Anthriscus sylvestris*	Kraut und zarte Triebe im Frühjahr **Vorsicht:** Wiesenkerbel ähnelt stark dem hochgiftigen Schierling.
Wiesenkümmel 28 *Silaum silaus* *Apiaceae*	Kraut im Frühjahr
Wiesensalbei 82 *Salvia pratensis* *Lamiaceae*	zarte Blätter und Blüten im Frühjahr und Sommer
Wiesenschaumkraut 32 *Cardamine pratensis* *Brassicaceae*	Blüten und zartes Kraut im Frühjahr
Wildmöhre 117, 118 *Daucus carota* *Apiaceae*	Kraut im Frühjahr, Samen im Spätsommer Blüten im Sommer
Wildrhabarber	siehe Knöterich, Japanischer
Zahnwurz 37 *Dentaria bulbifera* *Brassicaceae*	Blätter, Samen und Wurzel im Frühjahr (sehr kurze Erntezeit!)

Waldziest

Rezeptverzeichnis

Frühling

Vorspeisen

Suppen

Hauptgerichte und Beilagen

Desserts und Gebäck

Saucen, Eingemachtes

Herbst

Winter